2015年走进北京市海淀区课后大课堂讲授学习能力提升课程，受到学校师生的一致好评。

2016年担任北京市朝阳区小学教师儿童健康指导项目导师，累计培训2000人次。

2017年担任"培根铸魂 情暖童心——《学家史 寻家训 传家风》"项目的讲师，走进朝阳区十余所学校开展家庭教育讲座。

2018年走进朝阳区北京师范大学三帆中学朝阳学校开展家长讲座，受到热烈欢迎。

2019年走进清华大学附属中学上地小学为一年级新生家长开展讲座，受到新生家长的一致认可。

2020年为北京交通大学附属中学分校教师开展学习治疗培训，从新的视角启发并帮助教师成长。

2021年接受中国教育电视台采访。

2021年走进北京理工大学附属中学为全校家长开展题为
《家校携手 共育英才》的讲座。

2022年参与北京市共青团家庭教育项目，并面向全市家长开展讲座。

2022年参与"北京市海淀区家庭教育大讲堂"授课。

2023年9月学习科学教育峰会·北京，为全国学习治疗师及家长分享《爱孩子背后的N种隐患》。

2023年为北京交通大学附属中学家委会成员开展讲座，家长认真倾听，掌声不断。

2024年在济南育秀中学开展讲座（面向教师和家委会成员）。

截至2024年10月，累计受邀参加了16期北京广播电视台《教育面对面》节目，深受听众喜爱。

宋少卫老师与常晓敏老师合影。

父母觉醒

发现孩子的内在力量

常晓敏 著

电子工业出版社
Publishing House of Electronics Industry
北京·BEIJING

内 容 提 要

一切孩子的问题，都能回溯到家庭教育。本书是家庭教育专家常晓敏的诚意之作，是她十余年从事一线家庭教育的智慧结晶。本书涵盖了"家校""亲子""学习""同伴""社会"五个关键层面的篇章，每个篇章都设有家长自查问卷、调研数据，并提炼了10个方面的"日常情境"。这些"日常情境"取自作者与全国一百多所中小学校和幼儿园座谈的内容，取自作者近千次家庭教育咨询中的真实场景，鲜活、真实，代入感强，反映出很多家庭教育方面存在的普遍问题和困惑，并为家长解决这些教育烦恼提供了切实有效、操作性强的方案。"综合篇"采用问答的方式，帮助家长解答具有普遍性、典型性的家庭教育问题。

家长是孩子的第一任老师。本书旨在帮助家长在家庭教育实践中提升自我，进而使家庭成为孩子成长的安全港、进步的动力源。

未经许可，不得以任何方式复制或抄袭本书之部分或全部内容。
版权所有，侵权必究。

图书在版编目（CIP）数据

父母觉醒：发现孩子的内在力量／常晓敏著.
北京：电子工业出版社，2025. 1. -- ISBN 978-7-121-49326-3

Ⅰ．G78

中国国家版本馆 CIP 数据核字第 2024TX4969 号

责任编辑：崔汝泉　　特约编辑：陈　迪
印　　刷：三河市良远印务有限公司
装　　订：三河市良远印务有限公司
出版发行：电子工业出版社
　　　　　北京市海淀区万寿路 173 信箱　邮编：100036
开　　本：787×1092　1/16　印张：14　字数：260 千字　彩插：8
版　　次：2025 年 1 月第 1 版
印　　次：2025 年 2 月第 3 次印刷
定　　价：68.00 元

凡所购买电子工业出版社图书有缺损问题，请向购买书店调换。若书店售缺，请与本社发行部联系，联系及邮购电话：(010) 88254888，88258888。
质量投诉请发邮件至 zlts@phei.com.cn，盗版侵权举报请发邮件至 dbqq@phei.com.cn。
本书咨询联系方式：(010) 88254407。

前言 PREFACE

一切孩子的问题，都能回溯到家庭教育

教育是家庭、学校和社会三位一体的事业。家不仅是每个生命的源头，也是生命教育启蒙的温馨港湾，家庭教育影响着人的一生！

2018年9月，全国教育大会在北京召开，习近平总书记指出"教育是民族振兴、社会进步的重要基石，是功在当代、利在千秋的德政工程，对提高人民综合素质、促进人的全面发展、增强中华民族创新创造活力、实现中华民族伟大复兴具有决定性意义。教育是国之大计、党之大计"；2024年9月，全国教育大会再次在京召开，习近平总书记又一次发表了关于教育的重要讲话，他强调"建成教育强国是近代以来中华民族梦寐以求的美好愿望，是实现以中国式现代化全面推进强国建设、民族复兴伟业的先导任务、坚实基础、战略支撑，必须朝着既定目标扎实迈进"。

习总书记指出，办好教育事业，家庭、学校、政府、社会都有责任。家庭是人生的第一所学校，家长是孩子的第一任老师，要给孩子讲好"人生第一课"，帮助扣好人生第一粒扣子，教育、妇联等部门要统筹协调社会资源支持服务家庭教育。2021年10月，《中华人民共和国家庭教育促进法》正式颁布，"引导全社会注重家庭、家教、家风，增进家庭幸福与社会和谐，培养德智体美劳全面发展的社会主义建设者和接班人"成为其立法宗旨。

教育强国已经上升为国家意志，家庭教育已经成为时代课题。

从事心理学研究、家庭教育、教师培训十余年来，我走进过全国一百多所中小学校和幼儿园，开展过2000多场关于家庭教育的讨论会和培训会，为近千个家庭提供过心理咨询服务。近年来，"心聆教育"推动的"积极学习系统建构"课程在北京交通大学附属中学实验班、北京理工大学附属中学、北京市八一学校、中国农业科学院附属小学等开展实践应用，得到了广大师生、家长的

充分认可。我作为人民德育家庭教育专家委员会顾问和"心聆教育"专家团队的一员，也深度走访了北京市的多所中小学（主要位于西城区、东城区、海淀区及朝阳区），真切地感受到在新一轮教育改革的背景下，学校、老师、学生及家长等各方的状态和情绪变化。大家总的方向和目标是一致的，而在日常的教学与生活中，不可避免地会有交锋、误解、矛盾，甚至会发生冲突，处理得当，各方受益；处理不当，后患无穷。因此，家校合力预防和疏导相关问题，显得尤为重要。

作为长期与中小学师生、家长密切联系的一线教育工作者，我与很多同行都达成了共识：一切孩子的问题，都能回溯到家庭教育。孩子要从小养成的好的学习习惯、生活习惯，要塑造的良好的心态，都依托于家庭教育；师生间的紧张关系、同伴间的矛盾、亲子的代际冲突，都能通过改善家庭关系而有效化解。

家长，是孩子的第一任老师。天下父母都从心底深深地爱着自己的孩子。可是扪心自问，我们"会"爱吗？有一次，我把这个问题抛给一位前来咨询的年轻母亲，没想到她竟然失控地大哭起来。我想她一定非常、非常爱她的孩子，但是她不会爱，在她的爱里，无疑充斥着很多迷茫和困惑。

新一代家长，普遍拥有较高的学历，非常重视家庭教育，理论储备丰富，接受新事物也很快，但是面临的教育环境也更加复杂，价值观念更趋多元，加之作为"独生子女"成长起来的一代人，缺少参照和辅助支撑，更加剧了他们的迷茫和焦虑。

★ 孩子不爱学习，怎么办？

可是孩子从出生就开始学习，学习本是与生俱来的能力啊！

★ 孩子不听话，怎么办？

可是我们真的希望孩子"听话"吗？

★ 孩子被孤立、受委屈，怎么办？

我们是不是太强势，觉得自己无所不能，而孩子一无是处？

五年前，一名四年级小学生看到我正在办公室准备家长讲座，便热心地对我说："常老师，您给家长讲'家长如何做'没有用。家长更喜欢听如何管我们，而不是如何改变自己。很多时候，家长更愿意让我们去做他们做不到的事情。"孩子的话让我记忆犹新。

在一次家长讲座的答疑环节，有一位家长问我："常老师，您讲的这些我都认可，但是我想知道有多少家长能做到呢？"

"所以要学习啊！""为了孩子，家长必须做榜样啊！"……其他家长朋友积极地回应着这位家长。

"常老师，我真的觉得很少有家长能够像您讲的那样，智慧地陪伴孩子。我就在想，这样的讲座怎么才能更有效？"

我很感谢家长提出的这个问题，联想到之前那个四年级小学生的观点，我认真地思考过我的工作的意义，大致有以下几点：

首先，让有学习需求的家长提前了解教育误区，预防常见的亲子问题。

其次，让深受家庭教育问题困扰的家长放下焦虑，获得解决方案。

再次，让目前没有遇到问题或者没有意识到有问题的家长，以后发现问题或者想要解决问题时，能够多一些方法，少一些盲动。

最后，我经常收到以前听过我的讲座的家长的电话，我想这也是我工作的意义之一——当家长遇到家庭教育困境时，能够有一个求助、交流的途径。

我看到有一些育儿书，表面上是写给"育儿"的主体——作为成年人的父母们的，实际上是在给孩子提出了各种各样的要求，是以家长的口吻在给孩子讲道理、立规矩。而很多情境下，家长关于幸福与成功的理解与孩子有着明显的代差，对于父母们急迫地想传授的成长经验，孩子并不能天然地信服和接受，反而容易引发矛盾和冲突。

还有一类书籍，确实是站在成年人的视角，对父母们给予了细致的指导，应该怎么做、不应该怎么做……既把父母看成万能的，又把孩子看成无能的。这种大包大揽的背后，把一些原本应由孩子承担的责任完全归咎为父母的问题、归咎为原生家庭的问题，这并不利于和谐家庭的构建。

我们当然要从理论上为理性行为找到支撑，更为必要的是要在琐碎的日常生活中不断实践。就好像孩子学习了公式，但离开真题的验证，对知识的理解和运用总是不够深刻和自如。

我也遇到很多家长跟我说，他们学习了很多家庭教育课程，也读了很多家庭教育类的书，然而越是深入学习，就越觉得孩子不太行，爱人有毛病，亲子矛盾冲突越来越大，夫妻关系越来越不好。为什么？

跑偏了。

家长学习的步骤是：提升自己，影响爱人，陪伴孩子。

如果我们把学习变成了改变爱人、嫌弃孩子，那就太糟糕了。

所以，我的这本书，绝大部分案例来自真实的日常，来自家长和孩子的聊天。我希望通过"在走访时了解，在指导时纾解，在治疗时化解"的一些事例和对场景的还原，介绍一些反馈较好的做法和经验。"情景再现"的方式很有趣，我在很多的演讲、培训时都会采用。当貌似荒谬、可笑的情景在舞台上表演出来时——有时会引起哄堂大笑，有时又引人潸然泪下——那些习以为常的行为和语言，暴露出了一些严肃的问题。相信读者朋友们也一定能从中找到自己的影子，看看我们哪里做对了，应该继续坚持；哪里还有不足，需要完善。

正确地爱孩子，就要了解孩子的现状。我还特别想通过本书，帮助一些年轻的父母学会"听清"孩子的语言，并恰当地接住孩子的语言；学会"读懂"孩子的行为，从而准确理解孩子的需求。然后父母和孩子可以共同明确家庭教育的方向，制定家庭教育的规则，制定有效的执行程序。

所以我还提供了一些简洁明了的工具和操作步骤，为缓解家长的焦虑和提高家庭教育的水平提供一些参考。这些工具看上去很朴素，但在实践中很管用，希望家长勇于实践，找到属于自己的提升亲子关系的技巧。

家长，代表一种身份，更代表着永恒的爱和责任。希望我们不仅要做负责任的家长，而且能在陪伴孩子的过程中成长为充满智慧的家长，守护着孩子健康、茁壮地成长，做他们扬帆前行的护航人！

最后，我要感谢学习治疗师的学员朋友们，是他们对专业的学习、研究和实践为我带来了灵感；我要衷心地感谢为我提供案例的家长们，是他们为本书提供了最生动的素材，是他们成就了本书；同时我要感谢我的同事毛春凤、叶巧玲、温爽在我写书的过程中给予的大力支持。

常晓敏

2024 年 9 月

心聆教育公众号
亲子共学

自序 FOREWORD

十年回望，家庭教育路上的自我成长与蜕变

缘起·与事业

十多年前的那个春天，我正站在人生关键的十字路口——是否转型。

转型的念头缘起于我的孩子。那时她即将从幼儿园升入小学，这是她人生中的第一个重要过渡期。然而，在那段时间，由于工作的原因，我错过了太多与她共度的时光。每当夜深人静，我都会被一种深深的自责和担忧困扰：如果由我亲自养育她，我能否给予她足够的关爱和引导，能否帮助她顺利度过这个关键时期？

母爱的力量驱使着我开始寻找答案。我深知，传统的教育方式或许无法满足我对孩子个性化成长的需求。于是，我希望能够更专注地陪伴孩子成长，为她提供一个更加温馨、有益的学习环境。

坚定转型是由于结缘了宋少卫老师。我们作为援助老师，共同参与了一位身心都受到严重伤害的孩子的康复和治疗工作。在跟宋老师进行深度交流后，我发现我们在认知、思维、理念、目标和教育情怀上都有着高度的一致性。不仅如此，宋老师也是我在家庭教育领域探索的引路人。

与其说是转型，不如说是我坚定选择了自己热爱的事业，为了自己的孩子，也是真心地希望能够帮助学生成长，于是我成了一名学习治疗师！

成长·与孩子

在成为学习治疗师的初期，我面临着很多前所未有的挑战。尤其是在陪伴

自己孩子成长的过程中,我无数次地感受到,那些未说出口的第一冲动,往往隐藏着最真实的情感需求和教育契机。

2017年,即我从事学习治疗的第三年,孩子也升入了三年级,我印象最深刻的是孩子在两次英语考试中的不同状态。第一次是英语单元测试,没复习、没准备,结果只考了64分,刚刚及格。但值得庆幸的是,她估分估得很准。我没有因为她考得差而发脾气,而是很开心地看到了她还有另一种能力——估分,并借此机会和她共同探讨怎么才能取得更好的成绩。第二次是英语期中考试,这次考试前,她自觉地做了错题整理,制订了合理的学习计划,成绩便有了显而易见的进步,考了88分,她很开心。

后来我做了复盘,也更加坚定地认为自己的职业转型是对的!我没有给孩子压力,没有对孩子进行辅导,而是做了什么呢?我做了正向积极引导和提供正向积极情绪。我引导她要认识到错题的重要性,学习计划的合理性,以及最重要的是要有个好情绪。

我觉得这是学习治疗师的魅力,更是这个职业带给我的成就感。现在孩子已顺利直升高一,她是我的骄傲,也是我坚持下去的动力!

通过这些专业的学习指导与实践,我和孩子都获得了进步与成长。我学会了如何成为一个更好的倾听者、一个更懂得如何给予孩子正确引导和支持的母亲。而孩子也在我的陪伴下,变得更加自信、开朗,并对学习充满了热爱。

蜕变·与自己

随着时间的推移，我在学习治疗领域的专业技能日益精进。我也一直在努力将这份爱与智慧传递给更多的家庭。从一对一的辅导到开办工作坊，再到线上课程的开发，我尽自己所能，将所学所得分享给需要的每位家长和每个孩子。

我遇到了形形色色的家庭和孩子，他们的故事各不相同，但那份对成长的渴望是相同的。我陪伴他们一起面对挑战，一起庆祝进步。每次看到他们因为理解和改变而绽放的笑容，我都深感欣慰和满足。

十年回望，感慨万千，我从一名担忧孩子成长的母亲，成长为一名专业的学习治疗师，再到成为众多家庭信赖的朋友，这一路的成长与蜕变，是我人生中最宝贵的财富。我深知，家庭教育是一段漫长的旅程，需要我们不断地学习、调整和创新。

而今，我将继续以一颗赤子之心，探索家庭教育的无限可能。我感激每次挑战，因为它们让我变得更加坚韧；我珍惜每次相遇，因为它们让我的人生更加丰富多彩。未来，我将带着这份热爱与责任，继续在这条路上努力前行，为更多的家庭送去光明与希望，让爱与智慧照亮每个孩子的成长之路。

目录 CONTENTS

01 家校篇
不把分歧变冲突——家校教育立场的辩证统一

【我问您答】／002
【调研数据】／003
【日常情境】／005

- 一 家长要听懂孩子的吐槽 ／005
- 二 耐心听孩子说话，用心想孩子的需求 ／008
- 三 善意转述并正确理解老师的话 ／011
- 四 有问题要当面沟通 ／015
- 五 化解对"偏心眼儿"的误解 ／018
- 六 孩子为啥"两面派"？ ／020
- 七 妈妈委屈道歉，爸爸强势投诉 ／023
- 八 "住校生"的家庭教育 ／025
- 九 孩子屡教不改，家长无能为力 ／028
- 十 面对孩子的求助，无助且焦虑的高三妈妈 ／030

【定制程序】／033

02 亲子篇
孩子知道最优解——化解家长与孩子的价值冲突

【我问您答】/ 035
【调研数据】/ 036
【日常情境】/ 037

- 一、家长难以捉摸的情绪　　　　　　　　　　　　/ 038
- 二、家长的隐藏技能之"扣帽子和贴标签"　　　　/ 045
- 三、我想要个"乖"孩子　　　　　　　　　　　　/ 048
- 四、告诉孩子怎么变好　　　　　　　　　　　　　/ 051
- 五、"为你好"更是"为大家好"　　　　　　　　/ 054
- 六、夫妻矛盾，别让孩子买单　　　　　　　　　　/ 058
- 七、这些问题，家长中了几条？　　　　　　　　　/ 061
- 八、您的孩子就是您的孩子　　　　　　　　　　　/ 066
- 九、您的孩子不是您的孩子　　　　　　　　　　　/ 071
- 十、和谐亲子关系，从戒掉这些说话习惯开始　　　/ 075

【定制程序】/ 079

03 学习篇
有困难但不畏难——缓和家庭学习指导的焦虑

【我问您答】/ 082
【调研数据】/ 083
【日常情境】/ 084

- 一、如何让孩子爱上学习？　　　　　　　　　　　/ 085
- 二、成绩起起伏伏的背后　　　　　　　　　　　　/ 088

三　在厌学路上，家长做了什么？ / 092
四　勿让"潜在进步"成为孩子的烦恼 / 095
五　家长要巧用"为什么" / 098
六　当考试成绩出来后…… / 102
七　"差生"逆袭为什么难？ / 107
八　孩子的"优势"与"劣势" / 110
九　合理规划孩子的计划和目标 / 113
十　孩子拖延背后的秘密 / 120

【定制程序】/ 125

04 同伴篇
孩子的世界很简单——培养同伴间的社交智慧

【我问您答】/ 127
【调研数据】/ 128
【日常情境】/ 129

一　让同胞关系变得坚不可摧 / 129
二　青春期的同伴交往 / 132
三　关心孩子交友，这几件事不要做 / 136
四　看懂孩子情绪宣泄背后的积极行为 / 140
五　以爱之名，莫让"担心"沦为"责备" / 142
六　孩子为何偏爱去同学家？ / 144
七　小摩擦显真情——姿势风波 / 147
八　究竟谁的偶像更棒？ / 150
九　选"三好"的故事 / 152
十　诚信考试中作弊的小伙伴 / 155

【定制程序】/ 158

05 社会篇
社会就是大课堂——合力促进绽放成长之花

【我问您答】／160
【调研数据】／161
【日常情境】／162

- 一、在成长路上，要学会"等一等" ／163
- 二、莫让孩子成为"众矢之的" ／165
- 三、学习困难门诊真能"药到病除"吗？ ／168
- 四、"忆苦思甜"教育有效吗？ ／171
- 五、请允许孩子按下"暂停键" ／174
- 六、陪伴孩子走出"虚拟世界" ／178
- 七、"我"不得不选个明星做偶像 ／181
- 八、所谓的"低要求"，可能是对孩子更大的伤害 ／184
- 九、知险避险，让家庭拥有求助能力 ／190
- 十、AI时代，要正确使用电子产品 ／194

【定制程序】／198

06 综合篇
常问常答——找到问题背后的真原因

给家长朋友的话 ／207

01

家 校 篇

不把分歧变冲突
——家校教育立场的辩证统一

我问您答？

平时我们经常会遇到下面的一些场景，请问您会如何应对呢？

➤ 当孩子向您吐槽受到老师不公平对待时，您会：_____
  ☐ 平静地询问孩子，具体发生了什么事情。
  ☐ 打电话给老师，了解情况。
  ☐ 淡化处理，转移话题。
  ☐ 批评孩子，强调要把心思放到学习上。
  ☐ 和孩子站在一起，向学校投诉老师。

➤ 当老师向您反馈孩子在学校表现不佳时，您会：_____
  ☐ 原话转述给孩子，希望引起孩子的重视。
  ☐ 适当扩大老师的批评，强调问题的严重性。
  ☐ 适当弱化老师的批评，把批评转向希望。
  ☐ 不转述给孩子，避免引起他（她）的逆反情绪。
  ☐ 情绪激动，对孩子进行严厉批评。

➤ 孩子在学校表现不好时，您会：_____
  ☐ 羞愧无比，向老师道歉。
  ☐ 老师批评教育+家长简单粗暴惩罚。
  ☐ 苦口婆心，试图唤醒孩子。
  ☐ 出于理解，把孩子行为合理化。
  ☐ 感到无奈，对孩子不理不睬。

调研数据

《家庭教育蓝皮书（2024）：中国家庭养育环境报告》中基于对34万中国家长的调研结果显示，如图1-1，中国家庭养育环境指数为68.6分（理论得分区间为0~100分），标准差为12.6分。其中20.7%的家长表现优秀，54.7%的家长表现良好，24.6%的家长表现待提升。

调查结果表明，家长在六类具体养育指数上的得分有着明显的差异。"温暖指数"得分较高，为76.6分，标准差为17.9分。其中71.4%的家长表示"我常通过肢体语言（如拥抱）表达对孩子的爱和接纳"，72.7%的家长表示"孩子能感受到我无条件的接纳"。

中国家长在支持指数上的得分是六类具体养育指数中最高的，为83.0分，标准差为16.9分。其中82.6%的家长表示"孩子在遭遇挫折时会向我寻求帮助"，67.8%的家长表示"我会尽力理解孩子对各种事情的想法、感受和观点"。

相比温暖指数和支持指数，在理性指数上表现优秀的家长相对较少，占19.3%，但大部分家长表现良好，占58.3%，22.4%的家长表现待提升。其中69.1%的家长表示"孩子有不良行为或犯错后，我会与他（她）一起分析如何应对"，67.8%的家长表示"孩子犯错后，我会让孩子承担适当的后果"。

家长在安心指数和信任指数上的得分相对有更大的提升空间，显示部分家长在照顾孩子时可能还是会出现过分焦虑，或是过度干涉孩子日常生活的情况。

家长在期望指数的得分也较高，为71.8分。数据显示家长对孩子的发展有较高期许，部分家长对孩子的学业表现有过高的期望。

父母觉醒：发现孩子的内在力量

	平均分	比例（%）	

温暖指数
- 76.6分
- 47.3% 优秀
- 34.1% 良好
- 18.6% 待提升

支持指数
- 83.0分
- 62.3% 优秀
- 27.7% 良好
- 10.0% 待提升

理性指数
- 69.0分
- 19.3% 优秀
- 58.3% 良好
- 22.4% 待提升

安心指数
- 51.8分
- 20.3% 优秀
- 19.6% 良好
- 60.1% 待提升

信任指数
- 59.0分
- 22.9% 优秀
- 31.1% 良好
- 46.0% 待提升

期望指数
- 71.8分
- 35.6% 优秀
- 53.3% 良好
- 11.1% 待提升

中国家庭养育环境指数
- 68.6分
- 20.7% 优秀
- 54.7% 良好
- 24.6% 待提升

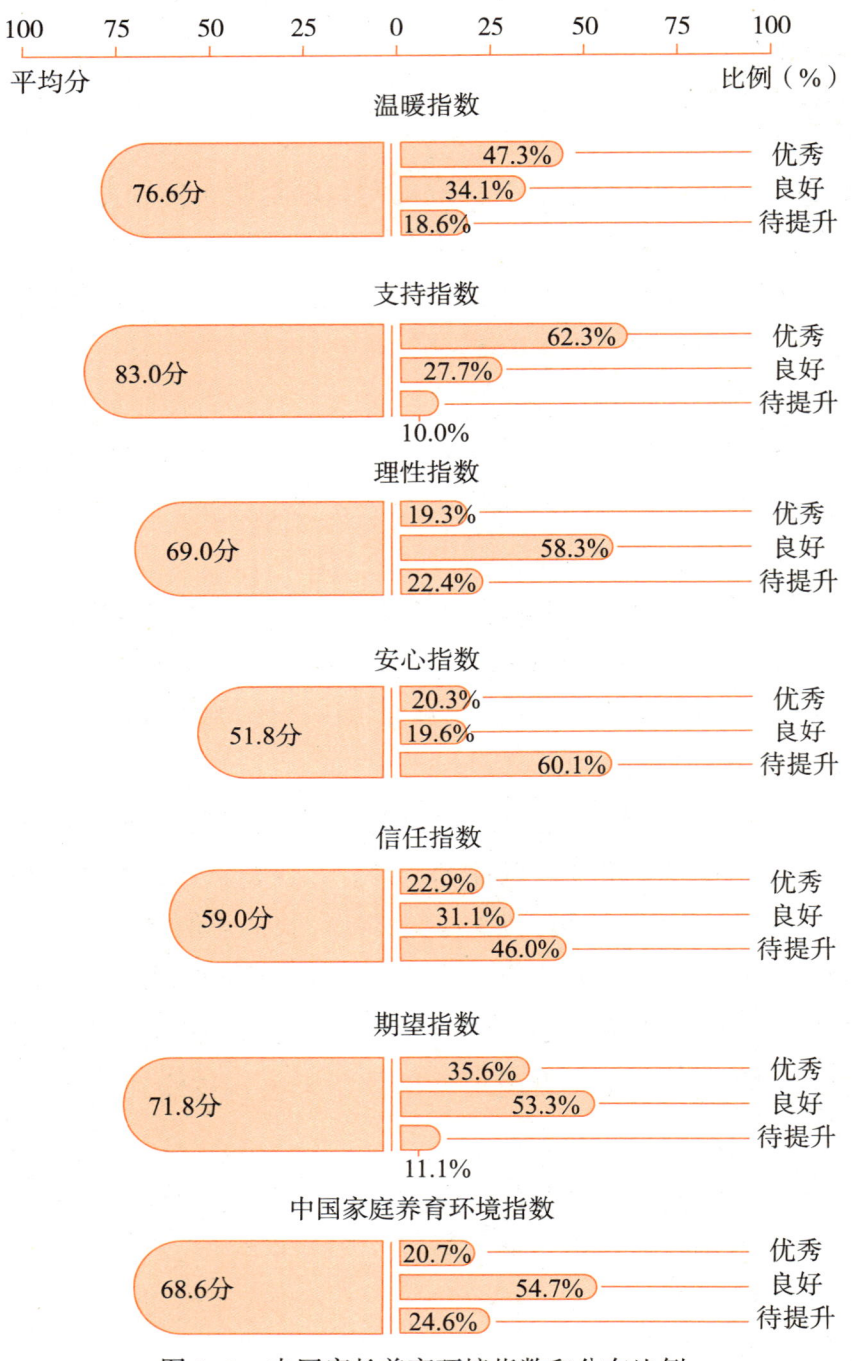

图 1-1　中国家长养育环境指数和分布比例

家校篇 **01**

不把分歧变冲突——家校教育立场的辩证统一

💡 日常情境

一、家长要听懂孩子的吐槽

孩子回家向父母吐槽老师，特别常见。

比如孩子说："今天老师太差劲了，又拖堂了。"

妈妈常会说："老师不都是为你好吗？延迟了你的吃饭时间，老师也没有吃饭，这样的老师多有责任心呀。"

如果拖堂老师的课正巧是孩子的薄弱学科，妈妈可能还会说："就是因为你学得不好，才会觉得是老师拖堂。"

一方面，家长希望和老师站在同一阵线，进而让孩子接受老师"拖堂"是为他（她）好的想法。另一方面，家长习惯性地把所有话题转换成教育孩子的机会。

可是，孩子吐槽是为了得到说教吗？是为了被训斥吗？

显然不是。

当孩子的吐槽没有得到共情，没有得到释放，那么孩子对老师的不满可能还会存在。

时间长了，当孩子反复吐槽一位老师时，家长就开始有点担心地问："最近跟老师怎么样了？"孩子说："就那样。"然后家长就继续担心，焦虑开始上升。如果孩子成绩没有上升反而下降，一些家长就开始归因：是不是老师对孩子怎么样了——此时家长就变成和孩子一伙儿了，可能就会开始说老师的问题，不仅破坏了师生关系，还可能导致家校沟通出现障碍。

面对吐槽，家长首先要听清孩子说的是什么——是真的不满，还是宣泄情绪。有时候，孩子只是需要被听见；有时候，孩子需要被认可；有时候，孩子在寻求建议。

尤其当孩子在中小学阶段时，很多家长会提出关于孩子的各种各样的问题，解决问题的关键在于家长要与学校携手，做好孩子的后勤保障。**亲子关系是核心，它影响着同伴关系，影响着师生关系，影响着学业表现。因此，孩子个性化的问题必须回归到家庭解决。**

孩子一踏进学校，课程一节接着一节。学校的老师能观察到孩子跟同班同学的差异并反馈给家长——家长在家进行调整并反馈给老师——老师再根据课堂的安排及时给予孩子一些正向的反馈，或者说给他（她）一些表现自我的机会。这就是家校合作的实质。

我们家长要"听懂"孩子说的话。

比如孩子和妈妈说："我上道德与法治课时举手，老师没有提问我。"

请问家长该怎么做？

有的家长说："我会告诉孩子，明天再举手就提问你了。"

您怎么知道明天老师提问自家孩子？关键是您怎么知道明天提问的那个问题，自家孩子会呢？

我就处理过一起类似的"投诉"——家长拨打了12345热线，起因就是由孩子举手提问这样的小事引发了家校矛盾。

有一天，孩子回家和妈妈说："我举手了，但老师没提问我。"

从那天开始，家长每天放学接孩子时都问："今天老师提问你了吗？"孩子说:"没有。"连着问了一星期都是"没有",家长就生气了,心里想一星期也该轮着我们孩子一回了吧。

第二个星期继续问:"老师提问你了吗?""没有。"

……

第三个星期家长就把老师给投诉了,说老师"偏心眼儿",总不提问她的孩子。

而实际上呢?我们看了监控录像,发现孩子在老师不看他时,把手举得高高的;老师的目光一扫过来,他就把手缩到课桌里。这一肢体语言就好像是告诉老师:我还没有做好跟您互动的准备。而孩子觉得在课堂上举手是很了不起的事情,就和妈妈说起来。孩子不是撒谎,只是从自我角度进行了表达。又因为是低年级,老师对孩子的性格特点不是那么了解,可能就直观地解读为他目前还没做好回答的准备,所以没有提问他。

老师的因材施教,和家长渴望的"公平"有时并不相同。

举例来说,欢欢上课注意力不集中时,老师会通过提问来提醒他。欣欣回答问题时想举手又不敢举,表现出似举非举的状态,老师则会进行试探性提问。此外,我们还注意到,有些小女孩,老师一叫她的名字,眼泪就开始在眼眶里打转,这时老师可能会在为她营造出充分的安全感之前,暂时不提问她。

有的家长会直接给老师打电话说:"我家孩子想发言,您多提问我家孩子。"然而,老师观察孩子的表现后,发现孩子根本不会,便不能盲目按照家长的要求去做。而有些老师觉得,既然孩子都告诉家长想发言了,第二天那就先提问吧,结果孩子不会,反而弄巧成拙。

所以,孩子回家后向家长描述的、老师在课堂上看到的、家长在情感上感受到的,不一定完全一致。这并非有人在说谎,只是从不同角度呈现出的不同景象。我们一定要信任老师,相信老师最了解孩子的学习情况,并且一定要做好家校沟通。

那么,当遇到孩子举手而未被提问的情况,家长该怎么回复呢?我们需要思考孩子诉说举手问题时的情感需求,是为自己勇敢举手而感到自豪和喜悦的

分享需求，还是因没获得分享机会而感到遗憾的共情需求？

家长可以这样说："你上课举手了，真棒！你可以给妈妈讲一讲那道题吗？课堂上老师提问的其他问题，有没有你会的？如果有，也给妈妈讲一讲。"这样可以弥补孩子没能分享的遗憾。家长还可以说："明天看看有几道题会做，晚上你再分享给我。"这样引导孩子，让孩子不再关注老师提问了几次，而是关注自己有几道题会做。这便是对孩子内驱力的呵护。

晓晓妈妈给我分享了一个关于跑步的故事。

晓晓放学回到家，气冲冲地向妈妈告状："最近我们体育老师实在太过分了，要求我们每天早读之前跑三圈，大课间也要跑三圈，体育课可能还要跑三圈，甚至跑六圈。下次再要求这样跑步，我都不想跑了。"妈妈认为这是集体活动，别的同学能跑，晓晓也应该坚持，便对孩子说："体育老师让你们跑步，还不是为了你们的身体好，有这样的锻炼机会多好啊！"孩子却觉得是老师的方式有问题，很生气地说："我就是不想跑了……"

类似的日常场景还有很多，看似都是小事，如果处理不好，就很容易引发家长与孩子间的争吵，弄得大家都不愉快。其实，孩子只是因为跑步有点累，回家宣泄一下心中的不满。妈妈没有看到孩子已经在坚持跑步的事实，只是一听到孩子"抱怨"，就马上开始说教、贴标签。

对于孩子的吐槽，家长要多倾听孩子的心声，多关注客观事实，体会孩子的感受，给孩子提供一些宣泄情绪的出口。

二、耐心听孩子说话，用心想孩子的需求

在幼儿园阶段，家长与老师的沟通就更为重要，因为孩子年龄小，其表达情绪的方式会影响到家长的判断。

有位中班的小男孩，妈妈认为他太敏感、太胆小。她给我举了一个例子：

有一天，生活老师爬梯子拿东西，很多小朋友围在下面观看。主班老师进来看到后，担心万一有东西掉下来会砸着孩子，就说了句："你们都在这里干吗？多危险！"这个男孩就开始哭，回家吃晚饭时也在哭，第二天上幼儿园又

哭了。家长问他为什么哭，他就一直说："害怕老师说我。"后来很长一段时间，他都不想去幼儿园，就怕老师说他。

家长很负责，事情发生当晚就给老师打了电话，比较详细、清晰地了解了情况，也觉得孩子的反应不应该这么大。

所以妈妈就和孩子聊：首先，老师并不是针对他，因为很多孩子都在那里。其次，老师只是担心他们的安全，并不是批评谁。——这是典型的成年人思维。

我们在询问孩子哭的原因的过程中，不要先去判断孩子的"应该"与"不应该"，因为这些都是孩子的真实感受。孩子认为自己受到了老师的批评而感到伤心，这是真实的，我们第一时间要先把孩子的情绪稳定下来。

好多家长都是太爱孩子了，这时最想做的就是快速让孩子停止哭泣。其实让孩子伤心一会儿也没关系，此时孩子正在体会自己的情感。

在孩子哭的间歇，我们可以让孩子说一说当时小伙伴都有谁，老师是怎么喊的……对幼儿园的小朋友，尽量别用成年人的思维去问话，而是让孩子表演，还原场景。他可能演的是主班老师在喊孩子们，家长就可以引导："老师为什么喊呢？"孩子这时候可能就会说出来："其实当时还是挺危险的。"——他就能从老师的角度思考，这比家长说"老师都是为你好""你们不应该站在那儿"的效果好得多。

有的家长说我家孩子大道理都懂，就是不做。这是因为孩子从家长这里听到的更多是教育类知识，而不是实践体验。孩子懂的是知识，但用不到行为上。所以家长要慢一点儿，要耐心听孩子说完。

那天孩子哭着说完之后，家长可以让他握住您的一根手指，并问他："你用力气告诉我，你现在有多难过。"他可能用的力气很大，这时他也在通过身体向外宣泄。"呃，你真的很伤心。"然后拍拍他说："下次再遇到这样的事情，你会怎么做呢？""假如能回到爬梯子之前，你会怎么做呢？"即使他说的话不在我们的预设范围内，也无所谓，家长要克制住，不要做评价，就是让孩子多角度看问题。然后可以让他再握一下您的手，并问他："这时有多难过？"通常会发现孩子难过的程度降低了。

我们通过就事论事的询问，让孩子学会体会情感、表达情感，学会多角度看问题。这种情景再现式的好处能让孩子终身受益。

有位妈妈曾和我说起她女儿柔柔在小学一年级的事情，让我很受启发。

她女儿从小乖巧懂事，平时在课堂上也认真听讲，不足的是在公开场合发言时的声音不是很洪亮。有一天，女儿放学回家，很伤心地和妈妈讲，班主任老师不喜欢她。因为学生在班里表现好，就会给积分，每积10分就可以找老师换一朵小红花，老师会把小红花张贴到学习园地进行表彰。有一天，女儿积够了10分，虽然她早上进校、中午吃饭、下午自习课间，分别和老师说了这件事，但是老师都没有给她贴上小红花。

妈妈和孩子的沟通做了很好的榜样。她首先夸奖孩子："到学校第一件事就先把这件重要的事情告诉了老师，你很棒哦！不过早上老师马上就要上课，可能当时没有时间贴小红花。"

"可是中午吃饭时，我又找了老师啊，她还是没有……"

"宝贝，中午吃饭时，老师在班级主要忙什么呢？"

"老师和我们的配班老师组织我们盛饭、吃饭。哦，妈妈，是不是中午吃饭时老师太忙了，也没有时间贴小红花啊？"

"妈妈觉得你能够二次提醒老师帮你贴小红花更棒了。你也发现了老师在忙，可能会忘记，也可能是记着，但她还没有找到时间贴你的小红花。好在放学时你又一次提醒了老师。"

"我想起来了,老师说等我们放学后,她回去帮我贴。明天我看看老师有没有给我贴上,如果没有,我就课间找老师不忙时再提醒她。"

"你真棒。明天如果老师没有贴上,你竟然找到了第四次提醒老师的方法。"

在和女儿沟通后,妈妈给老师发了一条信息:"老师,您好。咱们班级积分活动孩子很重视,柔柔可能明天课间会找您聊小红花的事情。"

老师回复道:"孩子今天很棒,几次找我沟通小红花的事情,现在跟我聊天的声音比原来要大一些了。学生放学后我已经把小红花进行了更新,明天我也会在班里对这几个孩子的进步分别进行表扬。柔柔最大的进步就是越来越敢于主动表达自我的想法和需求。"

老师与家长关注的场景不同,老师与家长对孩子的关注度不同,孩子与老师和家长沟通时的松弛度也不同。当孩子在家中倾诉在学校遇到的委屈时,家长首先要重视,要耐心与孩子沟通,先引导孩子尽可能详细描述具体事件,通过孩子的表情及语言等多种信息观察孩子的情绪,对于孩子表现好的地方给予正向反馈,弥补孩子在班级时没有得到老师及时回应的遗憾。然后跟孩子讨论解决问题的方法,把孩子安抚妥当之后,根据孩子反馈的信息及亲子沟通的情况,再跟老师沟通并表达具体需求。

老师与家长都爱孩子,因此家长要充分信任学校,努力建立良好的家校关系,力求合作共赢。

三、善意转述并正确理解老师的话

在对北京市海淀区 11950 位中小学生家长进行调研的过程中发现,仅有 23.6% 的家长能够做到:当孩子出现问题时,主动与老师联系并及时处理问题。因此,我常听家长对孩子这样说:"告诉你啊,我的底线就是不能再让老师约我到学校去,不能再让老师告状。"

当家长把正常的反馈当作告状,就很容易导致师生矛盾。

家长当然想让孩子跟老师关系好,但家长有时候会盲目地借用老师的权威。一旦发现孩子喜欢哪位老师,或者害怕哪位老师,家长就经常用这些老师的权威"威胁"孩子。时间长了，孩子跟这些老师的关系就被破坏了。

有一次，我给一名初三学生做咨询。他上学期休学了，为什么呢？

因为初二期末考试之前，他和妈妈谈好了，如果考得好，暑假里妈妈就不管控他的手机，所以他全力以赴地学习，考得特别好。整个暑假他实现了手机自由，时间黑白颠倒，初三一开学作息就紊乱了，更重要的是，初三上学期期中考试考得特别差。这里面可能有很多原因，但家长想当然地就归因于手机。家长为了激励孩子学习，用暑假手机自由作为条件。用孩子的兴趣控制孩子的行为，为了短时间的教育期待，培养了孩子的"坏习惯"，透支了孩子的未来。

在期中考试后的家长会上，家长觉得孩子考得不好，没有面子，但是又觉得学校开家长会是教育孩子、约束孩子使用手机的一次机会。在并没有跟老师现场沟通的情况下，回家却对孩子说："家长会上老师告你的状，说你上课睡觉。晚上看手机看到那么晚，白天能不困吗？"

孩子追问是哪位老师说的。

这时候，由班主任当"背锅侠"最安全，所以家长就信口说是班主任说的。结果从那天开始，这个孩子就开始跟班主任对抗，结果不到一个学期就休学了。

我做咨询时，这个学生说本来不讨厌班主任，但自从上了初三，就特别讨厌他"告黑状"，还说老师的人品有问题。

他说："以前，我都是在其他课上养足了精神，而在班主任课上认真听讲。

他竟然告黑状说我睡觉。这不是胡说八道吗?!"

有时，孩子不会怀疑他的亲爸亲妈，而会怀疑老师。

老师对家长说的话是成年人的语言，是概括性的，我们听完要把它解释成孩子能听懂的话。下面我提供一个家校沟通的小程序，家长可以借鉴延展：

老师夸孩子时，家长可以直接转述，稍微放大点也没关系。

老师跟家长反馈的是孩子表现看似不太好时，家长一定要把它翻译成"希望"和"期待"。

比如老师说"咱们孩子注意力不集中"，我们转述给孩子时要告诉他："老师说你在课上大部分时间表现是好的，如果能够再认真一点点就更棒了。"

比如老师说："孩子这次数学考得不好，还得加强。"孩子没听到后半段儿，只注意老师说数学考得不好了，孩子就很紧张。这时家长就得听明白，就得问老师具体是数学哪个模块还要加强，老师就会具体说一说。这样就把"问题"变成了"方向"。

奕瑾是新高三的学生，开学第一次月考后，突然跟妈妈说想以美术特长生身份参加高考，而她之前一直都想考财经类大学。妈妈一问才知道，原来是老师说她这次考试排名比较靠后，这样的成绩考不上"一本"。妈妈宽慰她说，现在离高考还有9个多月，只要努力一定可以考上"一本"。即使考不上"一本"，考上"二本"以后再考研究生也是可以的。但对奕瑾来说，比起"二本"考研，她更想上一个"一本"大学，因此很强烈地要求转学美术。而妈妈认为，奕瑾没有专业学习过美术，现在开始学习时间上太紧张，如果专业、文化课两头落空更麻烦……于是母女开始进入要不要选择以美术特长生参加高考的争论之中，难以抉择。

妈妈来找我咨询："常老师，都怪这个班主任，您说这个时候，怎么能给孩子说考不上'一本'这样的丧气话呢？"

我对奕瑾妈妈说："我不是说客，我是学习治疗师，我可以跟孩子聊聊学习，带着孩子做一个现状分析，明确一下高考规划。至于孩子要不要选择美术，那得看孩子的选择。"

奕瑾妈妈也认为孩子现在对自己的学习情况不清晰，没有抗挫力。她说："如果是我，就会更加努力，非考个'一本'证明给老师看看。"

见到奕瑾后，我问她："听你妈妈说，你们在要不要选择美术特长生问题上有分歧？"

"其实我也不想，只是班主任老师都说了，我这成绩考不上'一本'，我就想选择美术，看能不能走个捷径。"

"你可以回忆一下老师说的原话吗？"

"老师说，以我的成绩考'一本'困难。"

"请你把这句话写下来。"

奕瑾很认真地把这句话写了下来，看着我。

我接着说："作为一名高三学生，请把老师省略掉的词语补充完整。"

奕瑾看了看我，低头开始读这句话："老师说，以我现在的成绩考'一本'困难。"

"再试试看，还有哪些地方可以添加词语？"

"老师说，以我现在的成绩如果不努力，高考想考'一本'困难。"

我问："你想考'一本'吗？想考进你理想的大学去读理想的专业吗？"

"当然想。"她毫不犹豫地答道。

"如果真的想，你看实现目标有哪些变量是你可以控制的？"

奕瑾认真地想了想："时间，还有290天。努力，我可以提高学习效率……"

我开玩笑地说："还有老师。除了认识班主任老师，还要认识常老师、李老师、王老师等。"

我带着奕瑾做了学情分析，对每个学科进行了详细的知识梳理。梳理过后，奕瑾坚定地选择了原来的高考目标。

高考后，奕瑾妈妈给我报喜，孩子超出"一本"线二十多分，考上了自己目标大学的理想专业，奕瑾妈妈对我表示了衷心的感谢。

老师在高三摸底测后跟孩子沟通并给孩子传递危机讯号的目的，肯定是希望孩子重视且努力。孩子只看到了危机，而没有理解老师的期待，于是向妈妈求助，妈妈却陷入了两难的境地，直接在选不选美术方向上与孩子纠缠。而我，只是帮助孩子正确地理解了老师的话。

四、有问题要当面沟通

阳阳的家庭构成有点复杂，妈妈再婚后又生了一个弟弟。班主任老师了解他的家庭情况，一旦阳阳和其他同学产生矛盾，老师就不自觉地归因于他的家庭问题。老师想到阳阳妈妈在休产假，不想增加她的教育负担，平时在校发生的事情就在学校跟阳阳沟通，没有打电话向阳阳的妈妈反馈。

有一次，阳阳和同学龙龙发生了严重冲突，老师居间做了一次调解，让龙龙家长赔礼道歉，阳阳家长当时内心不太接受道歉，但双方家长私下和解了。

后来因为阳阳上课说话还不承认，班主任批评了他，阳阳家长的情绪一下子就爆发了，投诉了老师，一并列举了老师的种种不当。

老师也很委屈，向校长请辞，要么就让阳阳调班。

我去处理时，德育校长已经向阳阳家长道歉了，但家长不接受。周二出的事，周三、周四这个孩子就没上学。因为孩子回家说，一想到班主任就想死，家长觉得自己不能拿孩子的生命来冒险。

我首先做了老师的工作。

我认为老师分两种，一种是"敬业"的老师，一种是"智慧"的老师。这位老师已经做到敬业了，她是为了孩子好，但是方法有点单一。

我请老师说出孩子的几个优点。

老师想了想，说："他还挺乖的。"

我说："您看您说他的优点时，不是那么坚定，会让家长感觉您对这个孩子不够了解、不够欣赏。"

我又问老师是否和家长沟通过，她说打过电话，也见过两次面。我让她模拟打电话的情形，她就开始说……我说："您电话里的声音是这样的，开始勉强说了一下孩子的正常表现，然后越说语调越低，后面全是孩子的错误。可以感受一下，如果您是孩子的妈妈，接到这样的电话会是什么感受。"

说到这里，老师乐了，她说："我都想投诉了，不是这个孩子没有优点，是我在打电话时只想尽快解决孩子目前的困难，希望引起家长的重视，却忽视了家长的感受。"

关于孩子上课不承认说话的问题，我问老师："您觉得他知道他说话了吗？"老师想了想，说："可能不知道。"我说："您现在的眼神就特别好，现在的眼神就是'智慧型'老师的眼神——好奇。"我继续问老师："您怎么想到他可能不知道？"

"因为他经常说话，他已经无意识地在说话了，他可能不是撒谎。"

这时候，老师就对家长多了一些理解。

然后这位老师说孩子家庭很复杂。我就和她聊，这么复杂的一个家庭，妈妈忙着照顾二胎，继父可能更在意与亲生孩子的关系，亲生父亲又不在身边，能深度帮助孩子的人是谁？这位老师真诚地说："是我。"

我建议老师给阳阳家长发信息，先不要谈这些事，就讲孩子没上学这两天新学习了什么内容，有任何不懂的问题都可以提供帮助，但老师不要抱有期待。老师周五发了信息，家长没有回复；周一她又发了一条信息，家长回复了。周二时这个孩子就来上课了。

周一时，我也见到了阳阳妈妈。阳阳妈妈一上来就说老师的各种不好，我

家校篇 01
不把分歧变冲突——家校教育立场的辩证统一

就和阳阳妈妈一起分析了原因。原来阳阳妈妈对孩子本来就心存愧疚，觉得离婚、再婚对孩子的影响很大。孩子一吐槽老师，她的补偿心理就马上出现了。老师的方法可能单一了一些，对待孩子可能没有那么细致，但孩子回家后的反馈，妈妈也没有接住，采取的策略只是安慰孩子，没向老师反馈，也没和老师当面沟通，其间的误解就越来越大。后来，我们把问题回归到家长在家怎么跟孩子交流，怎么去倾听，怎么及时跟老师反馈上。

陈晨是一名初一学生，小学阶段不仅成绩优秀，而且是班长，班级各项活动都由他组织。初中派位，陈晨很幸运地被派到了自己一直向往的重点学校。在到学校报到的第一天，班主任老师指派了临时班长和班委人员，陈晨没有被安排任何班委会的工作，他感到很沮丧。陈晨回家跟妈妈表达了对这件事情的不满。

陈晨说："老师凭什么指派临时班委，应该让我们竞选才公平。"

妈妈说："老师不是说了吗，临时的，到时候还是可以换的，你还有机会参加竞选。"

陈晨说："妈妈，您想过吗，临时指派的班委除非工作能力特别差，不然后期正式竞选班委时，同学们就会认定是他们了。更何况老师指定的那个人，小学跟我一样也是连任了6年班长，确实是比较优秀的。"

妈妈说："那我们现在有什么好的办法解决这个烦恼吗？"

陈晨说："我觉得上初中了，学习还是更重要一些。既然我不在班委会，那我就努力学习呗。如果当了班长，学习成绩不好，也挺没有面子的。初中我还是要好好地把成绩搞上去。"

期中考试成绩出来以后，陈晨很沮丧，其他科目都是优秀，班主任老师教的数学学科成绩却不是很理想。由于小学阶段数学是陈晨的优势学科，所以此时陈晨开始对班主任老师有一些怨言，有时候抱怨他讲课有口音，有时候抱怨他处事不公平……

妈妈意识到问题之后，预约了班主任老师到学校去沟通。

妈妈说："老师，您好，我们家陈晨在家总是提起您，我能感觉到孩子特别喜欢您。但是期中考试后我发现孩子情绪有一些波动，他对自己的数学成绩很不满意，能感觉到孩子渴望得到您的关心、又觉得自己成绩不够优秀的那种矛盾。我想跟您了解一下孩子在学校的表现，看怎么在家帮助孩子调整。"

老师说："其他科任老师都反馈陈晨上课积极主动，但在数学课堂上我感觉他对数学学习有一些抵触情绪，我也准备这几天找他沟通学习情况呢。您回去告诉孩子不要有压力，我这边也会找个合适的机会跟孩子交流，跟他一起梳理一下数学学科的困难，给他一些学习建议。"

过了几天，陈晨放学回家跟妈妈说："今天班主任老师找我谈话了，很细心地帮我做了期中考试的试卷分析，还强调让我有问题随时到办公室找他答疑。妈妈，我现在越来越喜欢班主任了，做不做班干部不重要，我先把学科成绩提上去。"

五 化解对"偏心眼儿"的误解

及时的家校沟通非常关键。开展大部分讲座前，我都会通过问卷做一些调研，有一次，在问到家长是否能做到"经常主动和班主任沟通孩子的情况"时，2400名中学生家长中仅有9.37%认为"非常符合"自己的日常行为，40.08%的家长认为"比较符合"，不确定和不符合的分别是32.38%和18.17%。

昭然是一名高三学生，第一学期期末考试的成绩是全班倒数第一。第二学

期一开学，昭然和妈妈就来到了我的办公室。一进门，昭然就气呼呼地说："我们班主任真差劲，偏心眼儿。我早上迟到不到5分钟，他让我站在门口，训了我差不多10分钟。我们班的第一名——我们班长也迟到了，他却没有吭声，微笑着示意班长进班，然后继续训我……"

昭然妈妈对她说："老师确实不对，谁让你学习成绩不好呢？你如果学习成绩好，老师也可以给你'特殊待遇'。"这是很多家长的第一反应，也是非常典型的回答。

我示意昭然妈妈不要打断昭然的话，继续听她说。

昭然说："我觉得老师就是偏心眼儿，不能因为我学习不好，就区别对待。在门口站着被老师训话多丢人啊！"

我说："你感觉到被老师叫住并在门口沟通很不舒服，是吗？"

"关键是他让我们班长进去了啊！还继续训我！"

"老师主要跟你沟通了什么内容让你感觉他在训你？我个人听你说完这个场景后，对陪你高考逆袭还是蛮有信心的。"

昭然说："常老师，您为啥听我说完这个场景，就对我高考逆袭有信心？"这时，她的兴致来了，心情也好了不少。

我问她："你从幼儿园到高三，曾经有多少老师教过你，能快速说出来吗？"

"我说不出一共多少人，但我印象最深刻的是我幼儿园的主班老师和现在的班主任老师。幼儿园的主班老师亲切温暖，现在的班主任老师讨厌可恶。"

我说："之所以对你有信心，是因为你们班主任比我了解你的学习现状，现在是高考前最后一学期，老师还会因为迟到而训斥你这么长时间，为什么呢？"

"我们班主任高一就是我的班主任，我虽然上了高三之后成绩比较落后，但是我高一、高二成绩不差。"

"每位老师在你的生活中都是阶段性出现的，你认为优秀的老师是什么样的？"

"首先是课得上得好，再者就是对同学要一视同仁。"

"现在，班主任的课你上得怎么样？"

"如果单从讲课能力来说，我们班主任非常棒。虽然我的数学成绩不好，但是我知道他是一名优秀的数学教师。"

"我把老师分为三类：让学生感恩的老师、让学生忘记的老师、让学生想起就头痛的老师。我感觉你的班主任，即将成为制造你的痛点的老师！"

昭然不好意思地笑着说："其实他也不是一直训我。他早上一直在跟我强调高考时间紧迫，说以我的基础只要最后一学期冲刺好，'一本'是有希望的。"

我又问她："你猜老师为啥跟你沟通时，让班长进班了？你尝试说出五个理由。"

昭然说："第一，班长平时不迟到，这次是偶发事件。第二，班长可能是开晨会去了，我误认为是迟到了。第三，老师跟我没有聊完，班长在的话，老师怕我尴尬……常老师，我明白了，我想跟您聊聊我的学科情况……"后来，昭然跟班主任老师的关系非常融洽，经过不懈努力，顺利考上了"一本"。

很多时候，家长渴望的老师对孩子一视同仁，与老师在教学过程中的因材施教不同。有的孩子表现优秀，可能还会被老师严格要求；有的孩子可能平时频繁出现违纪行为，还会在偶尔表现好时被表扬。

当孩子无法理解老师的"偏心"行为时，需要家长积极引导。

六、孩子为啥"两面派"？

朝阳是一名小学三年级的学生，朝阳妈妈是我在东城区开展讲座时认识的。当时，我讲到孩子们家校互动中的四种表现类型：

1. 在家、在校表现都非常积极主动，行为规范。
2. 在学校表现优秀，回家相对松弛。
3. 在家表现优秀，在学校本色出演。
4. 在家和在学校行为习惯都有偏差，需要老师、家长的关注和提醒。

第1种类型，家长、老师、孩子皆大欢喜。

第2种类型，家长不要过度紧张，关注但不要过度挑剔，不提过高要求。孩子在学校一天精神高度集中，回家需要休息、调整，家长不要帮倒忙。

第3种类型，尤其需要家长关注，这一类型的孩子往往面临着家长的过度严苛要求和过重惩罚。孩子在家犯错成本极高，导致其在家小心翼翼，察言观色，到学校之后便释放自我。老师向家长反馈孩子在校表现时，家长可能会有陌生感，认为老师说的不是自己的孩子，这容易导致对老师的误解，从而引发家校矛盾。

第4种类型，需要家长和老师加强沟通，明确每个阶段具体需要帮助孩子调整的行为习惯，家校合力。

讲座一结束，朝阳妈妈就跑到前台，握着我的手说："常老师，我现在就面临着孩子家校表现不一致的困惑。之前我认为老师对我家孩子有偏见，前段时间我刚跟班主任老师说了一些狠话。您能稍微等一会儿吗，我想当着您的面与班主任老师沟通一下。"

家长把班主任请到主席台，对班主任说："老师，对不起，前段时间您通过电话反馈我家孩子在学校表现不怎么好时，我内心确实是很委屈的，我对您的态度不是很友好，请您原谅。因为我家孩子在家表现真的很好，我因为工作比较忙，每天下班回家都比较晚，平时是爸爸管得比较多，但是他爸爸对孩子没有原则，孩子比较怕我，所以主要由我布置任务和检查，爸爸负责督促执行。每天我回家之后，孩子都会主动帮我拿拖鞋，帮我挂好包，主动找我汇报家庭作业的完成情况。"

我问朝阳妈妈："孩子在家一直都这么乖吗？"

朝阳妈妈说："这就是我今天听讲座的收获。我家孩子从小是由老人照顾的，小学一年级才被我带在身边，很多习惯不好。我当时花了很多精力去调整。今天您的讲座让我明白，我过去对他太严苛了，他在家时，其实我是能感觉到他的不安和畏惧的，只是我太忙了，忽视了，总觉得他听话，能够把家庭作业完成就可以了。老师向我反馈他在课堂上注意力不集中、打扰同学学习的事情，我也问过孩子，孩子不承认。"

班主任老师说："通常情况下，对于朝阳的小问题，我会与他进行沟通。他有改善的话，我就不再跟您反馈。他频繁发生的行为，我才跟您联系，希望咱们能够一起努力，帮助他养成良好的习惯。"

朝阳妈妈说："回家我就跟孩子沟通，让他在学校好好表现。"

我说："咱们回家一定不是要证明孩子撒谎，老师反馈问题是为了解决问题。您回家与孩子沟通的内容，可以是孩子在每位老师课堂上的感受、听讲的习惯、老师的讲课风格、同学的发言习惯等。先把孩子的注意力引到关注老师的讲课特点和提问习惯上，然后逐渐转移到听讲方面的问题，最终达到他减少课堂交头接耳、影响同学等违纪行为的目的。"

"那我在家可以做哪些调整呢？"

我建议道："可以增加固定的亲子互动时间，譬如和孩子分享一天中最喜欢、最开心的三节课。"

朝阳妈妈后来发信息告诉我，正在坚持每天听孩子分享在学校的开心三节课，孩子每天都在努力表现自己，与同学建立了良好的关系，在老师的课堂上越来越专注。

朝阳妈妈认真回顾了过去与老师沟通的细节：当听到老师说孩子在学校表现不好时，首先感觉到的是丢脸，接着就是质问孩子。当孩子否认时，一开始她是信任老师、惩罚孩子；后来老师频繁"告状"，她就开始焦虑，担心孩子被老师区别对待，担心给孩子"贴标签"，甚至觉得老师对孩子要求过度苛刻，以致越担心越不知道如何引导孩子，不知道如何与班主任进行有效的沟通协作。

其实孩子在家和在学校表现不同的情况还有很多，譬如有的孩子在家活泼开朗，在学校则沉默寡言；有的孩子在家称王称霸，在学校却是乖巧可爱；有的孩子在家抗拒学习，在学校课堂上却专注听讲……

家校篇 **01**

不把分歧变冲突——家校教育立场的辩证统一

只有当家长真正关注孩子的表现，并愿意付诸行动时，家校沟通才更有意义。

试一试，和孩子一起完成下面的表格，在空白处写下喜欢的课程名称，并说明原因。

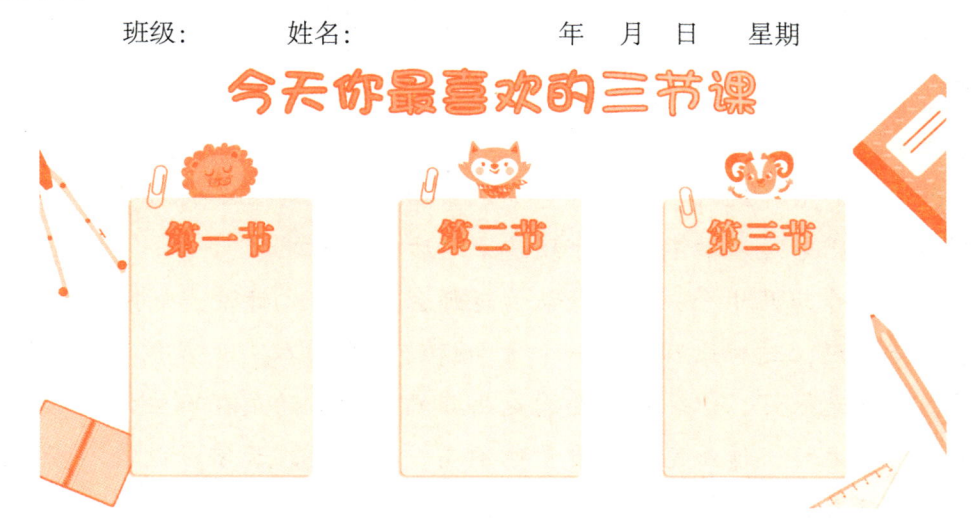

班级：　　姓名：　　　　年　月　日　星期

今天你最喜欢的三节课

第一节　　第二节　　第三节

七、妈妈委屈道歉，爸爸强势投诉

最近，五年级学生宇飞的爸爸很苦恼："我要投诉我儿子的班主任，我感觉这位老师负面情绪太多，总是批评打压孩子，甚至在家长群里公开批评孩子。

我家孩子最近有点儿厌学情绪，孩子一提起班主任就感到恐惧。"

宇飞爸爸介绍说，他平时管得不多，老师一般都是和孩子妈妈沟通。而妈妈每次接到老师电话，都是先道歉，但是听到老师对孩子全盘否定时，作为家长心里肯定不舒服。和其他家长交流后，她发现大家也有类似的感受，尽管心中不满，却常选择沉默不语。

我问宇飞爸爸："每次老师打电话说孩子的问题，您有跟孩子了解情况并向老师反馈亲子沟通之后的结果吗？"

宇飞爸爸说："没有，我也是最近发现孩子厌学情绪严重，才想着该干预了。我想找他的老师反映一下，老师不应该给一个小学生贴标签。但是我又担心把握不好，跟老师沟通不畅，导致孩子以后被针对。"

我问："一个班几十个孩子，您认为老师会因为什么针对一个孩子？"

宇飞爸爸说："这位老师就是一个负面情绪强烈的人。我家孩子挺乖的，虽然学习成绩不是很好，但绝对不是惹是生非的孩子，只是在班主任老师教授的学科上成绩不太好，作业完成的质量也不高。我觉得孩子学习成绩不好也跟这位老师的态度有关，老师越是批评孩子，孩子越是厌学。孩子其他科目都还是不错的。"

我又问："假如老师真的是您想象的那样，对孩子负面评价比较多，您打算怎么办呢？"

宇飞爸爸很强硬地说："我就要去告他，要求学校换掉老师。"

"全班同学都不喜欢这位老师吗？家长要求换老师，学校一定能马上换吗？"我问宇飞爸爸。

我经常在学校做家校矛盾的协调工作，我个人认为老师和家长目标是一致的，都是为了孩子更好。只是有时候方法不一致，或者沟通不通畅。<mark>老师没有在教育孩子的过程中，让孩子感受到善意，也没有让家长感受到其对孩子的关心和关注。</mark>

面对老师对孩子的批评性意见，家长的反应有以下几种情况：

➢ 表面给老师道歉，背后同情孩子，孩子越来越不喜欢老师。
➢ 对老师表达不满，让老师无所适从，对孩子的管理变得束手束脚。

> 不认可老师，又幻想孩子成为为数不多的深得老师喜欢的孩子，躲在孩子背后为孩子加油鼓劲。

> 积极主动地找老师沟通，让老师感受到家长对孩子教育的重视。通过沟通，明确助力方向，引导老师关注孩子的进步点。

后来宇飞爸爸向我反馈，他向老师发信息预约见面沟通，表达对老师的尊重。见面之后，老师滔滔不绝地说了孩子好多缺点，爸爸耐心聆听之后问老师："听您说了孩子这么多缺点，我作为家长感到有点儿担心和焦虑了，不知道该从何抓起。您作为专业老师，能帮我明确一下现阶段该如何帮助孩子纠正不良习惯吗？我和孩子妈妈一定全力配合。"

老师表态说："您不用焦虑，说这么多就是希望您能够重视。我做了这么多年班主任，非常清楚孩子小学阶段养成良好习惯的重要性。孩子上初中后，学业压力增大，孩子的学习习惯会影响听讲效率，进而影响学习成绩，很可能会导致孩子自信心受挫。我希望咱们一起在小学阶段尽量规范孩子的行为习惯和学习习惯，培养孩子的学习自信心。"

通过沟通，双方化解了误会，就孩子的教育问题达成了一致。家长在与老师沟通时应更多关注客观事实，不要过度挑剔老师的沟通语气，在与老师的教育理念有分歧时，家长要选择主动沟通。

八 "住校生"的家庭教育

出于多种原因，一些家长选择让孩子在中小学阶段住校：有的是因为孩子在家不听话，希望孩子在学校严格的管理下改掉坏习惯；有的是因为家长没有时间，或者觉得自己教育不专业，想借助学校的师资力量提高孩子的成绩；有的是因为孩子有很多习惯问题，家长沟通无效，亲子矛盾冲突较多；也有的是因为孩子喜欢集体生活，跟同学在一起感觉更能全心投入学习……

孩子住校的原因不同，孩子的表现有个性差异，因此家长在与孩子沟通时，需要注意的事项也不相同。当孩子的表现让老师、家长满意时，沟通大多比较顺畅；当孩子的表现给老师的教学及管理制造麻烦时，家长与孩子的沟通尤其要注意以下几个方面：

1. 日常沟通

有的孩子住校一周或者两周回家一次。家长通常跟孩子在课余时间打电话沟通。有的关注孩子吃什么，有的提醒孩子要好好学习，有的会关注孩子的同伴关系和上课情况……

√ 我给的建议：

可以根据孩子年龄及平时亲子沟通情况，提前跟孩子约定好打电话的时间和频次，多用积极问题与孩子互动，互相分享开心的事情等。

2. 严重违纪被约谈

有的家长优先选择向老师道歉，请求老师原谅，并以能让孩子继续留在学校学习为最高目标；有的家长在老师面前严厉批评孩子；有的家长选择跟老师沟通后，单独找孩子交流……

√ 我给的建议：

先了解孩子严重违纪的行为是偶发还是频发，孩子是主导者还是跟随者，同时要关注孩子对问题的态度，与孩子交流解决问题的方法。家长要高度重视问题，但不要放大焦虑，避免简单粗暴处理。严重违纪行为需要给孩子反思时间，最好把孩子带回家进行正式沟通。

3. 学习生活习惯问题

老师反馈孩子课堂注意力不集中，宿舍卫生及个人物品摆放不规范等行为，并告知家长周末来校进行交流。有的家长会向孩子强调老师反馈的问题；有的家长会放大老师说的问题，希望借用老师的权威引起孩子的重视；有的家长会把老师的话进行积极解读，再转述给孩子，让孩子明确努力的方向；有的家长会在家关注孩子的表现，陪孩子进行训练……

√ **我给的建议：**

养成良好的习惯需要时间，不要幻想孩子一日改掉旧习惯。改掉不良习惯需要用微小的、可执行的新习惯去替代，要引导孩子开始做力所能及的改变。不要盲目地借用老师的权威，过度夸大老师的批评会破坏师生关系。积极解读老师的建议，让孩子感受到老师的善意和关爱。特别要注意：不要翻孩子的旧账。

4. 成绩不理想

孩子周末回家，带回来的试卷成绩不理想。有的家长关注孩子的平时的表现及老师的反馈，能够客观评估孩子的学习情况；有的家长看到孩子的分数马上表达不满；有的家长看到孩子成绩不理想，坚定不移地认为孩子学习态度有问题……

√ **我给的建议：**

周末亲子时光不要成为批判会，关注孩子成长不要单一聚焦在考试分数，更要关注孩子学科学习的困难。跟孩子沟通前，要思考自己的建议是否有效，能不能帮助孩子解决实际困难。

案例1

周日返校时，苗苗带了手机，但是没有按照老师要求上交，周一苗苗班主任在班级里又一次强调周中不准使用手机的要求。苗苗担心没有上交手机的事情会被老师发现，中午利用午休时间用学校座机给妈妈打电话求助："我的手机没有上交，如果被老师发现怎么办？"

苗苗妈妈的建议是："你主动找老师认错，把手机交给老师就好了。"

苗苗去找班主任老师，坦白昨天没有交手机的事情。

老师为了给苗苗一点儿警告，于是就说："昨天没有交，今天也不要给我了，你自己保存吧。"

于是，苗苗的烦恼从一个（担心老师知道没有交手机）变成了两个（班主任知道了，还不收）。

苗苗妈妈又支着儿说："你找英语老师吧，英语老师那么喜欢你，你可以让英语老师帮你代管……"

结果苗苗去找英语老师，英语老师却说："听班主任老师说，你带了手机没有上交，你要再跟班主任沟通哦！"

案例 2

欣欣家长也遇到了同样问题，采取了询问欣欣意见的办法："你觉得如何解决更好呢？"

欣欣说："我真的知道错了，但是怕老师生气，所以我想到了三种方法：第一种，找老师认错。第二种，请宿管老师帮忙保管。第三种，麻烦您来学校一趟，我把手机放在传达室，您帮我取走。"

总的来说，孩子平时住校，与家长相处时间变少，周末与孩子在一起要以良好沟通作为第一目标。短时间无法有效干预的事情，选择暂时放弃或者求助专业人士进行干预。重要且违背原则的事情，需要跟孩子沟通，确立基本底线。在面对孩子的问题时，最佳解决方案往往不在家长心中，尤其是住校生的成长问题，家长要提醒自己尽量了解事情全貌，倾听孩子的解决方案，鼓励孩子自己尝试解决。

九、孩子屡教不改，家长无能为力

小明是一个中学生，他的行为问题一度让老师和家长都感到苦不堪言。他聪明伶俐，但总是无法遵守学校的规章制度，频繁违纪，甚至在家里也开始撒谎、与父母顶嘴。我曾在老师的办公室见过他，他的眼中透露着无所谓的神情，充满了挑衅意味。他仿佛对周围的一切都充满了敌意。

在与小明深入沟通后，我逐渐了解到了他行为背后的真正原因。小明告诉我，他其实对家长的教育方式感到非常不满和委屈。他觉得自己总是被责备、被惩罚，而没有得到应有的理解和支持。这种情绪逐渐积累，最终导致了他的叛逆行为。

他曾经有过一次印象特别深刻的经历：在小学五年级时，他因为一次考试成绩不理想而被父母严厉责备。父母不仅责骂了他，还剥夺了他周末去游乐园的权利。小明感到非常委屈和失望，因为他已经尽力了，但父母却只看结果，不看他努力的过程，更重要的是去游乐园是一周前就跟同学约好的事情。这次经历让小明对父母的教育方式感到了深深的怀疑和绝望，他开始叛逆、摆烂，甚至故意挑战父母的底线。小明说："每次父母被老师约谈，我都能看到父母当面一套，背后一套：当着老师的面是温文尔雅，可是回到家就对我咬牙切齿，恨铁不成钢。越是这样，我就越是希望通过这些方式来表达自己的不满和反抗。"

在与小明的父母深入交流后，我逐渐了解了他们家庭的教育方式。小明的父母是忙碌的职场人士，平时对孩子疏于陪伴，但他们坚信"棍棒底下出孝子"，对孩子的学习和行为要求极高。每当小明犯错，等待他的总是严厉的责备和惩罚。然而，这种家庭教育方式并没有让小明变得更好，反而让他学会了用叛逆来对抗。

小明的行为是家庭环境、父母的教育理念，以及被忽视的行为习惯问题共同作用的结果。于是，我开始尝试引导小明的父母改变他们的教育方式。我告诉他们，严厉的惩罚并不是解决问题的最有效方法，而理解和引导才是关键。重点和他们讨论了家校沟通的意义，以及老师反馈孩子情况的目的是什么等。

我建议他们多花时间陪伴小明，观察他的表现，关注他的心理需求，与他进行深入沟通，了解他的想法和感受。我还建议他们制定家庭规则，让小明知晓哪些行为是可接受的，哪些是不可接受的，并鼓励他自觉遵守家庭规则。

经过一段时间的努力，小明的父母开始尝试用新的方式来教育他。他们不再用严厉的惩罚来对待犯错误的小明，而是尝试用理解和引导的方式来帮助他改正。他们也开始更加关注小明的情感需求，给予他更多的支持和鼓励。

结果令人欣喜。小明开始有了明显的变化。他不再频繁违纪，也不再与父母顶嘴，开始学会努力学习，也愿意与家长和老师沟通。最终，他站在学校的领奖台上，手中拿着一张"进步学生"的奖状，脸上洋溢着自信和快乐的笑容。

家庭教育不仅仅是严厉的要求和惩罚，更重要的是要建立起良好的沟通渠道，培养孩子正确的自我认知和自我管理能力。

十、面对孩子的求助，无助且焦虑的高三妈妈

晓珊是一名高三女生，是老师和家长心目中的乖孩子。她上课认真听讲，每个学科的笔记都记录得非常规范，课后作业也很努力地完成。但是晓珊的成绩在班级一直处于中下游。在晓珊过去的学习和生活中，妈妈一直觉得她懂事省心，虽然成绩算不上优秀，但是在尽心尽力地学，不惹是生非，也令家长感到欣慰。

高三开学第一周，晓珊回家开始抱怨作业多。妈妈安慰她说："作业多的话，先写第二天要上课的科目的作业。"

"我已经是按着这个原则分解作业了。"

"实在完不成就不写了。"

"不写作业肯定不行，完成老师布置的作业是我的底线。"

"那你就抓紧时间写。"

"我在学校课间都在写作业,还是写不完。"

这个时候,妈妈感觉很无助,不知道如何帮助孩子解决困惑,只能做好陪伴,看着孩子困得睁不开眼,还在咬牙坚持写作业,很是心疼,忍不住劝说:"太晚了,别写了,再熬夜明天上课该困了。"

晓珊倔强地坚持完成作业,甚至有时因为太困坚持不住,小睡前会反复告诉妈妈,一小时后叫她起来继续写作业。妈妈觉得老师布置的作业太多了,给老师发信息说:"老师,现在孩子写作业到很晚,能不能少写一点儿作业。"老师回复信息:"您看着办。"晓珊妈妈看完信息后认为老师生气了,想着还是要以陪孩子完成作业为第一目标。

可是,在她们坚持了一段时间以后,学校组织了高三第一次综合测试,晓珊的成绩很不理想,情绪低落,回家号啕大哭说:"我考不上重点大学怎么办?我太笨了,我这么努力却还是一个渣渣……"

妈妈安慰晓珊说:"不要有那么大压力,考不上重点大学也没有关系,爸妈都是中专学历,你若能考上大学并顺利毕业就是咱们家学历最高的人了。"

"在您眼里,我就是一个学渣呗,您是不是早就觉得我考不上重点大学?"

"当然不是,在妈妈心中你是最棒的,我一直都认为你可以考上理想大学。"

"这些骗我的话您自己信吗?您明知道我成绩不优秀……"

"还有近一年时间，只要你坚持努力学习，一定能实现高考目标。"

"您怎么知道努力就能实现目标，万一实现不了怎么办？"

晓珊和妈妈都陷入了沉默。

晓珊妈妈决定去学校找班主任老师求助，班主任老师说："晓珊妈妈，您不要给晓珊太大压力，高三开学一个月，我们能明显感觉到孩子压力大，在学校除了课间上厕所和做操，基本都在教室埋头看书，不敢有一刻放松。老师们反馈晓珊在课堂上听讲很认真，但不太主动回答问题，更多注意力是放到认真记笔记上，老师提问题时，发现孩子听讲效率不高，很多讲过的题目都不会。课后作业完成得倒是很认真，错误率也不高，但是测试时孩子的成绩与平时作业相比大打折扣。您在家观察她高三以来有哪些变化？"

"睡觉很晚，经常说作业多，写不完。"

"是吗，上高三以后，各个学科作业确实比原来多了一些，我们老师也会跟孩子们说，哪些是必须完成的，哪些是选做的。但是晓珊每次都能把所有作业完成。"

"她现在睡觉时间很短，经常写作业到凌晨，有时候实在太困了，她会先睡一会儿，半夜起来接着写。"

"这也是我想跟您沟通的问题之一。最近晓珊课堂上经常犯困，有一次我看到她拿笔扎自己。我找她了解学习情况，本想跟她一起分析一下错题，帮她梳理一下问题及应对策略，可是一提起开学测她哭了，不说话。这孩子比较敏感，我也没有再和她深度沟通考试的事情。"

晓珊妈妈听完班主任的话，心里五味杂陈。她意识到，原来女儿的压力已经如此之大，而自己作为母亲，却没能及时给予孩子帮助。

"老师，您能给我一些建议吗？"

"晓珊是一个好孩子，大部分知识点都熟悉，但是压力大，考试时畏首畏尾，因怕出错而导致考场低效、成绩不理想，形成了恶性循环，孩子越是担心成绩，平时越是不敢放松，过度紧张导致了孩子上课听讲不专注……我建议您在家多陪伴，少说教，鼓励孩子多向学科老师寻求帮助。"

"我没有给她施加压力，我经常安慰她，说只要尽力了，考不好也没有关系。"

"除了安慰，我们还要了解孩子的真实想法，建议您多听听孩子的想法，少做评论。"

"老师，我不知道怎么操作啊？"

"让孩子回归主角。"

晓珊妈妈回家之后认真梳理了老师反馈的信息，结合观察到的孩子的表现及孩子在家讲述的内容，制订了跟孩子沟通的提纲：

1. 以本次测试为契机，跟孩子讨论考试收获。
2. 讨论现阶段学习遇到的挑战。
3. 梳理目前学习挑战的优先级。
4. 明确接下来一周最需要解决的问题。
5. 制订每周的学习计划及评估标准。

经过一系列沟通之后，晓珊慢慢地放下了思想包袱，按照自己的实际情况，科学地制订了学习规划，逐渐进入了积极备考的状态。

定制程序

1. 家校育人目标是一致的，要积极解读老师的行为及语言。
2. 当老师反馈孩子表现优秀时，要向孩子及时转达。
3. 当老师反馈孩子在校表现不够优秀时，要与老师交流孩子的具体表现，关注客观事实。
4. 孩子分享学校的事情，无论家长认为重要与否，对孩子来说都很重要。
5. 孩子分享学校的事情时，家长要就事论事，不借机翻旧账或放大问题。

02

亲 子 篇

孩子知道最优解
——化解家长与孩子的价值冲突

我问您答？

在亲子关系中，总会有磕磕绊绊，这时您会怎么做呢？

➢ 孩子不爱读书，学习习惯不好，不专注，写作业拖拉，您会：_____
  - ☐ 强调学习的重要性。
  - ☐ 陪伴是最好的改变，和孩子一起读书、学习。
  - ☐ 学习是自己的事情，自己决定，不强求。
  - ☐ 讽刺挖苦，用最狠的手段对孩子内心进行强刺激。
  - ☐ 当日事，当日毕，直到孩子完成学习要求。

➢ 辅导孩子学习，孩子总也听不明白时，您会：_____
  - ☐ 耐心地反复讲解，直到孩子彻底理解。
  - ☐ 再讲一两遍，孩子自己去理解。
  - ☐ 情绪暴发，指责孩子态度不端正，听讲不认真。
  - ☐ 语言攻击，混合双打。
  - ☐ 不理孩子，放弃辅导。

➢ 孩子成绩达不到家长的要求，听不进老师和家长的建议，您会：_____
  - ☐ 以优秀同学为榜样，告诉孩子"我们也能做到"。
  - ☐ 如果考得好，将给予物质或精神奖励。
  - ☐ 信奉严师出高徒，棍棒之下出孝子，打就对了。
  - ☐ 情绪主导，心情好，都能理解；心情不好，怎么都不对。
  - ☐ 顺其自然，每个人都有自己的命运。

调研数据

根据"问向实验室"收集的家长问卷数据显示,中国家庭养育环境在养育风格层面显示出以下特点:

接近30%的家长表示自己在育儿时会有"过度保护"孩子的倾向。家长在"独立性支持"(帮助孩子独立成长)上的得分最高,在"帮助性支持"(在孩子有困难时提供支持)上的得分相对较低,在"情感性支持"(为孩子提供高情绪价值的成长环境)上的得分最低。调查发现,接近20%的家长表示自己在育儿时会感到焦虑。

这些数据和分析结果告诉我们,家长对孩子具有较高的期望。然而,孩子的成长是曲折的,其过程可能伴随着困惑、动摇,甚至失败,这个时候最需要来自父母的理解和支持。可是,许多父母在给予孩子"帮助性支持"和"情感性支持"上得分较低,在这种情况下,承受失败的孩子变得孤立无援,较为脆弱的孩子便容易出现心理障碍,甚至发生心理危机(见图2-1)。

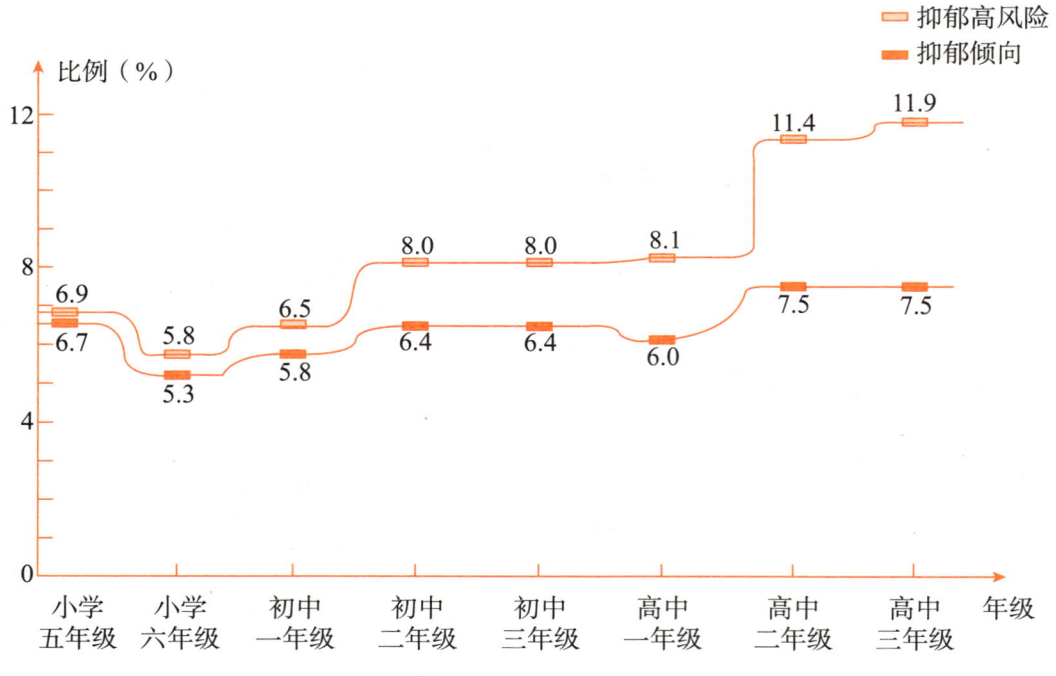

图2-1 学生群体中抑郁高风险和抑郁倾向的比例

北京师范大学中国基础教育质量监测协同创新中心等机构在 2018 年 9 月 26 日发布的《全国家庭教育状况调查报告（2018）》（以下称"北师大调查"），通过对全国 18 万多名中小学生和 3 万多名班主任的调查，用详细数据揭示了这一突出特点，即学生和班主任都认为家长最关注的是孩子的学习情况。四年级、初中二年级学生大都认为家长对自己最关注的前三位是学习情况（选择比例分别为 79.8%、79.9%），身体健康（分别为 66.6%、66.5%）和人身安全（分别为 62.2%、52.2%），其选择人数的百分比远高于道德品质（分别为 25.3%、30.7%）、日常行为习惯（分别为 15.2%、18.7%）、兴趣爱好或特长（分别为 10.8%、7.1%）、心理状况（分别为 6.5%、11.1%）等方面。四年级、初中二年级班主任也认为家长最关注学生的考试成绩（分别为 88.3%、90.1%）。

"北师大调查"的结果说明，许多家庭教育已经步入知识化的误区，导致家庭教育的异化发展。家庭教育本是生活教育，应该给予孩子情感支持，锻炼孩子的生活技能以应对各种各样的挑战。结果父母们却过于看重学业成绩，而忽视孩子的道德品质与心理健康，让家庭不再温暖，让孩子心理负担沉重。久而久之，孩子出现各种各样的心理问题就不难理解了。

💡 日常情境

自 2015 年至今，我在全国已经做过超过 2000 场的关于家庭教育亲子关系的主题讲座，我发现一个很有趣的现象：大部分家长认为"我和孩子在沟通交流的过程中没有隔阂、代沟"，并且"当孩子向我倾诉烦恼时，我会耐心倾听，并给予他（她）适当的反应"。

然而，在真正的亲子关系陪伴中，家长又觉得"最近孩子经常不愿意听我说话，我一开口，他（她）就不耐烦"。这让我不得不思考，家长认为的无隔阂交流，是真的在进行有效的亲子沟通，还是家长只是在做自己认为对的事情？

如果您发现，和孩子讲话重复多次都没用，那么大概率不是您没说清楚，而是您唠叨太多引起了孩子的抵触。

如果您发现，询问孩子的想法和建议时，孩子保持沉默，那么大概率不是孩子没有想法，而是您过去否定孩子太多或者忽视孩子意见太多，引起孩子冷抵触和简单服从。

如果您发现，孩子与您交流时言行中透露着不尊重，那么大概率不是孩子不懂得尊重父母，而是您对孩子过度溺爱或者过度严苛要求，引起了孩子轻视或对抗。

一、家长难以捉摸的情绪

家长的情绪仿佛是一片变幻莫测的天空，时而晴空万里，让孩子沐浴在温暖与鼓励之中；时而乌云密布，沉重的压力与严厉的批评如骤雨般落下。孩子努力地去解读、去适应，却常常在这复杂的情绪风云中感到困惑与迷茫，不知下一刻，等待自己的会是温柔的微笑，还是冷峻的神色。家长的情绪，如同一座神秘的迷宫，孩子在其中小心翼翼地探索，渴望找到那把理解的钥匙。

我曾经在做初中学生访谈时，问了他们这样一个问题。

我说："期中测试前和期中测试后，对你们来说有什么不同？"

有位初二的同学，非常积极地站了起来，灵气地说道："常老师，当然不同了呀，期中考试前是<u>被催</u>，期中考试后是<u>被训</u>。"

我说："那考试期间呢？"

他说:"考试期间更神奇,家长在忍。"

当我还在为他的回答心生感叹之际,旁边有个孩子补充说道:"自从上了初中,日子就好过多了,我猜高中可能会更好过一点儿。"

我紧接着问道:"哎,好过一点儿主要在哪儿呢?"

"您想啊,小学时多倒霉,不管哪一科作业,家长都会做。所以家长就可以滔滔不绝地跟我讲,有时还会说:'这么简单,老师都讲过了,你怎么还不会呢?肯定是你没认真听。'"

班里的同学们频频点头,有的还捂着嘴偷偷笑了起来。

有同学说:"常老师,您知道吗,家长不跟着我们上课,却知道老师讲了什么,也不知道他们的结论是从哪里得来的。"

紧接着,我又问了同学们一个问题:"那你们认为,家长期待的是什么呢?"

同学们听到这个问题都在思考,你看看我,我看看你,此时一个戴着眼镜、身材瘦小的男同学站了起来,平静地对我说:"常老师,我认为家长期待的是,一听就得懂,一做就得会、就得对,一考就要得高分。"

这一回答引起了同学们的强烈共鸣,又有个同学说道:"有时候家长要啥,他们自己都不知道,但他们说我时却理直气壮。比如说,我写作业慢时,家长说'太磨蹭了';我写作业快时,家长说'太敷衍了'。怎么样都不行!"

我就问他:"那'刚刚好'的节奏,你现在有把握了吗?"

这位同学说:"那就得看家长的心情。心情好,一切都好。心情不好,怎么都不好。"

从孩子们的这些话语中,我们可以深刻地感受到家长在孩子学习过程中的复杂表现给孩子带来了诸多困扰。孩子在不同的学习阶段都面临着家长不同的情绪和要求,而这些要求往往让孩子无所适从。家长难以捉摸的情绪和过高的期待,使得孩子在成长的道路上小心翼翼。作为家长,我们应当反思,是否真正理解孩子的需求和压力?是否应该更加理性地看待孩子的学习过程?是否应该给予孩子稳定的支持和鼓励,而不是让自己的情绪左右孩子的成长?

我再给大家讲一个小学二年级小朋友被父母误认为是智商低下的案例。

那是在2023年12月,我们在邯郸举办学习科学教育峰会,这个孩子的妈妈是我在大会上认识的。

这是一个多胎家庭，妈妈对家里的两个孩子的评价有着高度反差，对爱学习、成绩优秀的大宝高度肯定，反观二宝，用妈妈的话说就是"噩梦的开始，从来没想过自己会生出来这么笨的孩子"。

两口子焦虑极了，想要带孩子去医院做诊断，他们认为是孩子的智商有问题。后来二人一商量，决定去医院前，先到北京找我聊一聊。

小朋友一来，我先做了自我介绍："你好，我叫常晓敏。你会写那个经常的'常'吗？"

他低着头，声音很小，很胆怯地说："不会。"

我又问："那你会用拼音写出来吗？"

他点点头，我递给他一张纸，他用拼音非常工整地写了出来。

我表扬他说："哇，你写得真好。那'晓'你会写吗？"

这时候他抬起头，说："不会。"

我说："用大小的'小'替代一下也可以。"

他又在纸上工整地写出了一个"小"字，我点点头，用欣赏的眼光看着他，问道："你在学校里最喜欢的学科是什么呀？"

他两眼放光地跟我说："美术。"

这时，坐在一旁的妈妈开始抢答了："除了爱画画，啥也不行。"

此话一出，孩子又低下了头。我看了看妈妈，示意她不要说话。

我说："你喜欢美术，喜欢画什么呀？是小动物、植物，还是水果呀？"

他委屈地说："都喜欢。"

于是我们就一起画画。孩子画了草莓，画了桃，画了杨梅。我们又分析画面的内容和特点，讲它们味道的不同。说起吃，孩子一下子就兴奋起来，特别开心。

这时，家长白了孩子一眼，又插了一句话："就知道吃，一说吃就可有兴趣了。"

我发现，妈妈每插一句话，孩子就沮丧一回。这就像在熊熊燃烧的热情之火上突然浇下了一盆冰冷的水，瞬间熄灭了希望的火苗，让人从兴奋的云端跌

落至失望的谷底。

我紧接着又和孩子聊了起来:"除了美术,排第二的学科是什么?"

他又特别兴奋地说:"体育。"

这时家长又忍不住了,特别生气地说:"喜欢的全是没用的。"

我反问家长:"美术和体育没用吗?"

家长此时才把心底最真实的话说了出来:"那语文和数学都很差呀。"

在家庭教育中,这就是典型的教育迷茫。

抓不住孩子的优势,也不知道怎么从优势拓宽孩子的自信,从而陷入一种不知如何引导孩子发展的迷茫状态。这种现象反映出家长在对孩子的教育认知和方法上存在一定的欠缺,未能准确地发现孩子的闪光点并加以积极培育,使得孩子的成长缺乏有力的支撑和正确的方向指引。

说完美术和体育,我又接着问:"你还喜欢什么学科啊?"

他低下头,摇摇脑袋说:"没了。"

妈妈却很得意地说:"是不是我说对了,就喜欢那些没用的。"

我并没有接妈妈的话,只是微笑地继续看着孩子,问道:"剩下的学科都不喜欢,我们就找个最讨厌的说吧,反正你们老师也不在。"

他看看我,看看妈妈,小声地说:"数学。"

"那你讨厌数学的原因是什么呢?"

"数学老师在课堂上叫我回答问题。如果我不会,老师会让我站一会儿。"

"站着会有什么不一样呢?"

"同学会笑我。"然后他说出了两个同学的名字。

"这两个小朋友有没有被老师提问过?"

"有,其实他们也回答不对。"这个时候,孩子乐了。

"你的好朋友都有谁呢?"

他说了他的三个好朋友的名字。

"你如果回答错误了,你的好朋友会做什么呢?"

"他们会安慰我。"

这些细细碎碎的聊天,拉近了我和孩子的距离,他慢慢地放松了下来,跟

我说了很多，我也在静静地听他表达。

"除了数学以外，还不喜欢的学科是什么呀？"

"道德与法治。因为老师提问时总不看我。"

此时我们可发现，孩子不喜欢道德与法治与不喜欢数学的理由不一样了。

"他不看你会有什么后果呢？"

"谁要是回答了，就会贴一个小红花。他老不看我，我就没机会得小红花。"

……

后来我们又讨论了"谁发你小红花啊？""它有什么好处？"等很多孩子很想表达的问题。

当 2024 年 5 月再做咨询时，这个孩子的状态已经非常好了。

我们做了什么呢？

我告诉家长，在家里的书桌边贴一张课表，如果在数学课上老师提问了他，而孩子有一道题不会做，回家一定要告诉爸爸妈妈。爸爸妈妈跟他一块儿把这道题解决了，就贴一个红色的大拇指。在道德与法治课上，如果老师提的问题，孩子都会，孩子答对几个问题就要贴几个笑脸。

用妈妈的话来说："原来我们认为是孩子有病，现在看来是我和他爸的观察点跑偏了。"

通过这个案例，我们发现孩子们很多时候的反馈是不一样的，关键是我们家长做了什么。

在小学阶段，特别是低学段孩子的家长，要让孩子知道"发现错误"是一件了不起的事，而不是羞耻的事。有的家长，孩子一旦做错了，就会严厉批评："你怎么又错了？你就是不动脑子！……"家长完全陷入了情绪之中，而没有关注客观事实。

问题就是机会。寻找最优解，避免放大问题、伤害关系。家长对孩子表现的解读，决定了家长回应孩子的态度和方式。家长回应孩子的态度和方式，决定了孩子的努力方向。

在家庭教育中，父亲教育与母亲教育有着明显的区别。

父亲的教育往往更具方向性和引领性。父亲通常以较为理性的思维方式，为孩子指引未来的方向，鼓励孩子勇敢地探索未知世界，培养孩子的冒险精神和勇气。父亲在孩子面对困难时，会给予坚定的支持并鼓励孩子独立解决问题，帮助孩子培养坚强的意志和责任感。父亲就像孩子成长道路上的一座灯塔，在远方为孩子照亮前行的路。

母亲的教育则更具细腻性和情感性。母亲给予孩子无微不至的关怀和爱护，善于关注孩子的情绪变化，及时给予安慰和鼓励，让孩子感受到家庭的温暖和安全。母亲在日常生活中注重细节，教导孩子养成良好的生活习惯和进行品德修养。母亲如同孩子心灵的避风港，为孩子提供情感上的支持和慰藉。

可下面的故事，却反映了另外一种家庭情绪。

曾经有一个小学三年级的小男孩，一见到他爸爸，浑身都抽搐。

为什么会这样？他爸爸陪他写作业的场景一般是这样的：

爸爸愤怒地说："听懂了吗？"

孩子唯唯诺诺地回答："听懂了。"

爸爸提高了嗓门又说："听懂了就给我讲一遍。"

孩子讲一遍讲通了，然后他爸爸就会再出一道相似的题，直到做错为止，此时他爸爸就认为孩子对此类题目掌握得还不够全面。

或者是这样的：

"听懂了吗？"

"听懂了。"

"那你给我讲一遍。"

结果没讲出来。

"你没懂为什么装懂？啊？我刚才讲时，你为什么不听？！"

孩子说他也不知道该说"懂"还是该说"不懂"——说"不懂"是没认真听，说"懂"又会让再做一道题。

当爸爸妈妈（要）发火，孩子的注意力绝大部分都放在担心上了，剩下的那点精力不足以让其应对题目了。

对很多孩子来说，尤其是小学阶段的孩子，家长的情绪是核心中的核心。

初中生面对家长的"无名之火"，好像回应起来就变得"游刃有余了"。

在一次某中学开展的"开学第一课"的线下讲座中，有个初中生这样对我说："常老师，您知道吗，我家长经常自己说着说着，就把自己说生气了。我都不知道他们的气是怎么来的。"

我让他举个例子，他便绘声绘色地描述出来：

"我妈问我最近学习怎么样，我说还行。"

"'还行'是什么样啊？"在孩子的语调里，很明显地能感受到家长在说这句时，声调拉高了。

"我说：'就那样呗，还不错。'"

"不错？！我看你那成绩，根本就没有上升！你这样还找理由……"

结果家长自己越说越生气，一会儿就崩溃了。孩子反而感觉没发生什么事似的。

家长不断纠错，孩子不知所措。
"要求孩子做到" ≠ "孩子能够做到"。
不同类型的家长在遇到孩子在学习有需求时，会有不同反应和情绪表达。有的会给予关心和帮助，有的会站在"上帝视角"看待。

孩子抱怨说："今天的作业真多，写不完。"

有的家长会说"作业多，过会儿再写"，或者"先歇会儿，统计一下各学科作业量，排个写作业顺序"。

但有些家长说什么呢？

"作业多？又不是只给你自己布置的，为什么别的同学不抱怨呢？"

"你们班苗苗，人家从来不抱怨。"

本来是孩子吐槽作业多，然后聊着聊着，变成了批评孩子不爱学习、做作业不认真、不善于规划、爱玩游戏……最初聊的是什么，有时候都忘记了。

我遇到一个高三的学生，他是美术生，在北京进行文化课补习。在调整期间，他跟着我参加了一些讲座。在听我讲到这一段时，他想起小时候的故事，这里可以讲给家长听。

"小时候爸爸经常陪着我写作业,但他的情绪极其不稳定。后来我找到了让他情绪稳定的点。比如,他问我这道题选什么,我不确定就说A,但是这个A呢,听起来又不是太清楚。如果他用强烈的语气反问:'说什么?'我就知道A不对,于是就说:'我没说A呀,我说的是D。'这样慢慢试探,后来我发现他情绪就稳定多了。"

所以家长要注意,我们要用心去看孩子的表现,耐心地听孩子说话,逐渐引导,营造一个良性的、安全的空间,让孩子能够慢慢细说。

二、家长的隐藏技能之"扣帽子和贴标签"

孩子无论在幼儿园还是在学校,同班的老师是相似的,在校的环境也是差不多的,孩子的差异化成长,绝大部分与遗传基因和家庭环境以及家长给他(她)选的资源密切相关。因此孩子在成长中,我们家长要先达成共识:如果感觉不开心,就马上提醒自己,把不开心变成开心。

孩子可能在某一方面遇到了问题,但并不代表他(她)就是一个问题孩子,要把"问题"和"问题孩子"区分开来。对于孩子所谓的问题,家长一定要有更多的办法,而不是把问题的原因全部归咎于孩子本身。

所以家长不能给孩子轻易地扣帽子和贴标签。

我在的线下讲座中，尤其是面对初中的家长，开场时都会让家长写出孩子的十个优点。有的家长奋笔疾书，有的家长目光呆滞，有的家长冥思苦想，有的家长干脆说："您让我说缺点吧，一说一大堆。"

孩子难道真的没有优点吗？在家长眼中，一个小孩变得一无是处，您相信这是真的吗？！

家长会吐槽说，孩子太懒了。

是真的懒吗？他（她）玩游戏时懒不懒？吃东西时懒不懒？如果他（她）做自己喜欢的事时不懒，还能说这个孩子是一个懒惰的孩子吗？

有一次，我在北京一家幼儿园做咨询，有个中班小男生的爸爸妈妈一起来找我，说孩子特别胆小，不敢尝试新事物，只待在自己的舒适区，缺乏挑战精神。比如爬同样一个坡，小他两岁的妹妹已经爬上去了，他却很害怕，不敢爬。

此时，爸爸妈妈把5岁的哥哥和3岁的妹妹做了一个比较，偏好明显。

我便问道："遇到一个新鲜事物，立刻行动的原因是什么？"

妈妈说："是勇敢。"

我紧接着问道："遇到一个新鲜事物，会不断地观察，不断地评估，确认之后再去做，这样的原因是什么？"

妈妈似乎明白了我想表达的意思，想了想说："是谨慎。可他也太谨慎了！"

妈妈有她的担忧，因为她和爸爸都算是比较内向的人，所以更希望孩子外向一些。

"家有两个宝贝，要先看到他们各自的优点，让他们成为最好的自己。如果希望孩子去勇敢地挑战新鲜事物，我们家长要先给孩子打个样。"

当下有个误导，不知不觉把性格的内外向分成了好与坏。一个销售人员很内向，不行；而一名科研人员特外向，适合吗？性格没有好坏之分，而是要放到对的地方。

我曾有个学生，说话特别难听，好多人甚至都觉得他没有口德。后来他进入了咨询行业，成了专职"找碴人"，很多企业老板花重金请他给企业找毛病、做诊断。我们还能说人家没口德、没情商吗？

性格的形成，有个性的原因，也有后天的影响。

如果妹妹爬上去了，这时候家长不断地说哥哥："你看妹妹都上去了，你赶紧上！"请问这个时候，一个幼儿园的小朋友，他是情绪在先，还是理性在先？

情绪是最影响一个人的执行力的，此时他先感受到的是沮丧、伤心和被否定。其实他能上去，家长是耐心等他十分钟，让他等妹妹第二次爬上去时一起跟着爬上去，还是在妹妹爬上去时不断地嫌弃他？

其实现在很多家长都非常关注、在意家庭教育。这位妈妈也说，因为是两个孩子，所以比较注意孩子之间的平衡，特别是当着妹妹的面，很少甚至是不敢去批评、对比孩子之间的差异。反而是孩子看到有时不如妹妹，自己会生气。

其实，家长做平衡，真实就好，不需要那么刻意。因为家长在理智范围内时，对孩子会多包容一些，但冲动时，可能就会"原形毕露"。对于孩子自己生气，家长要分析是高频行为还是偶发行为。如果是偶发行为，可以适度漠视；如果是高频行为，就需要进行梳理和复盘。家长在关注孩子成长的事情时，不要轻易地用"他（她）总是""他（她）经常"之类的概括化语言。很多时候，不是同一类事情，我们如果把它们归到一类，就没办法知道孩子的需求到底在哪个点上。比如，他在做喜欢的事情时，妹妹过来打扰他，家长当然能看到是妹妹想跟他玩，但对哥哥来说，他可能不喜欢被打扰。

妍妍同学刚上一年级，妈妈却告诉我妍妍面对困难时容易逃避，并列举了一件她家每天都会发生的事情。

"双减之后，孩子放学回家后没有什么作业，我要求她再分别做一页数学练习、一页英语练习和积累语文好词好句。如果她认真做，应该在一小时之内完成，但是她每次都想先到楼下跟同学玩儿，如果被催促着回到家，写作业之前就会发脾气，甚至掉眼泪。"

"孩子放学回来，可以先休息一下吗？"我问。

"当然可以，但是我想如果她到家先把学习任务完成以后再玩儿，我就不用陪着她弄作业了。"

"那么，到家之后立刻去完成作业是谁的需求呢？"

"这样说的话，是我的需求。我想尽快把她的事情搞定，然后去做我自己的事。"

"另外，您让她分别做一页数学练习、一页英语练习和积累语文好词好句的目的是什么呢？"

"我听说现在孩子不上辅导班了，很多家长都给孩子加了额外的练习。"

"练习的目的是让孩子更爱学习，还是让孩子觉得学习是负担或者……"

"当然是希望孩子更爱学习啊！"

妍妍妈妈恍然大悟："我明白了，我忽视了孩子的情绪，并且在时间安排上有点儿以自我为中心了……"

我赞同妍妍妈妈的思考："咱们可以让孩子有趣味地学习数学知识，除了刷题外，可不可以玩数字卡牌游戏？可不可以让孩子给妈妈讲数学？可不可以让孩子自己编题目？……"

妍妍妈妈说："这些原来都没想过，原来觉得是孩子的问题，现在看来是家长需要多想一些办法。"

<mark>如果过去已经贴了标签，别着急，从现在开始别再继续往上贴，要一点一点地往下揭。良好的家庭沟通习惯就是关注目标，不带着孩子追责，也不去懊恼过去，更不去评价，而应把所有问题都变成方向。</mark>

三 我想要个"乖"孩子

在孩子小时候，家长与孩子之间的关系是非常紧密的。随着孩子年龄的增长，有的家长会觉得孩子越来越不听话了。请问，您真的想要一个听话的孩子吗？您知道听话的结果是什么吗？换句话说，父母普遍都想让孩子超越自己，如果孩子什么都听父母的，怎么实现超越呢？！

我给一位高二女生做过咨询，她自我伤害了一年多，但她的爸爸妈妈都不知道。当我见到家长并让他们说出孩子的三个优点时，爸爸妈妈的意见很一致："听话""乖"。只有这三个字，轮番说。我看家长很为难，也说不出其他优点，于是找来了孩子，和她单独聊。

"当你听到爸爸妈妈夸你'听话''乖'时，你有什么感受？"

小女孩低头沉默了一会儿，然后就哭了，眼泪止不住地往下流，很小声地说：“我已经连'听话'也做不到了。"

我起身坐到她的身边，安慰着孩子："你还不到18岁，是还可以耍赖的年龄，干吗那么乖呢？你伤心时怎么办？你痛苦时怎么办？"

孩子此时说了一句让人很揪心的话："我好像很少有这些情绪了。"

她的所有感受都是父母的感受。

过度要求孩子"听话"，说明家长的掌控欲太强了。家长的掌控感越强，孩子的失控感就越强。"听话"和"自主"，必须有平衡。

我们可以引导孩子懂事，但别强迫孩子听话！

我们想要执行"听话教育"时，请自问要求孩子凡事听话，是为了满足自己的控制欲，减少教育陪伴投入，还是孩子成长的需求？

德国心理学家海查做过一个著名的实验。他对2~5岁时有强烈反抗倾向的100名儿童与没有这种倾向的100名儿童，跟踪观察到青年期。

结果发现前者有84%的人意志坚强，有主见，有独立分析、判断事物和做出决定的能力。而后者仅有26%的人意志坚强，其余的人遇事不能做决定，不能独立承担责任。

在实践中，我也遇到了很多"听话的孩子"，他们容易出现下面几种典型的问题，希望能引起家长的关注。

案例1

依依从小就被妈妈要求听话照做。随着年龄增长，依依妈妈发现，依依与妈妈在一起时小心翼翼，不喜欢表达自己的想法；与同伴在一起时特别敏感，害怕冲突，处处迎合别人、照顾别人的感受，有时候自己不喜欢的事情也不会拒绝。孩子从最初努力"听话"讨好妈妈、获得妈妈的赞美，逐渐形成了讨好型人格，通过忽视、压抑自己的真实感受去维持关系。

案例2

高中选科时，文科占有绝对优势的欣欣想选择文科。但是家长认为所在学校的理科班师资很强，选择理科未来可选择空间更大一些，因此欣欣听从父母的话选择了理科，但因为不喜欢物理、化学，高中学习得很辛苦。

案例3

琪琪高考填报志愿时，想要报考心理学专业。但是家长认为一个女孩子上师范学校更好，工作稳定又有寒暑假，加之孩子数学成绩很好，不管以后教哪个学段，数学学科都是主学科。所以琪琪遵从家长的意思，报考了师范学校的数学专业，但还是念念不忘心理学专业，一边教书，一边自学。

要想指导好孩子的人生，家长要积极学习，更要敢于承认自己的认知局限。

家长错位的理性与感性：

> **理性**：发现孩子的不足，提出明确的要求，擦亮眼睛关注孩子的缺点。
> **感性**：放大问题，陷入焦虑。

不如让我们换一种方式：

> **理性**：关注孩子的现状，梳理客观事实，分析问题，寻找有效解决问题的方案。
> **感性**：与孩子沟通时，关注孩子的情绪及反馈。在亲子互动时，耐心引导，给孩子调整的周期。

"听话教育"用一个个指令要求孩子在家长教育舒适区成长，问题是，父母一定是对的吗？父母不了解、不擅长的领域，孩子没有机会接触，孩子要超越我们，不仅需要我们的经验，更需要去了解我们也未知的世界。

四、告诉孩子怎么变好

现在的孩子太难了，一堆人都说为他（她）好，可很少有人告诉他（她）怎么变好。

有的家长说："孩子总是'说到做不到'啊。"

"说到做不到"的原因，正是需要家长注意的地方。

现在大多数家长常反复告诉孩子为什么要做这件事，并摆事实、讲道理。

但让孩子从"说"到"做"的第一步是，家长要让孩子能够接受它，让孩子知道为什么要做，就是"想"做。

第二步是让孩子"能"做。"能"是什么？

疫情时期，孩子居家学习，好多家长最郁闷的就是孩子不运动。越让他（她）出去，他（她）就越不出去。当然我家也有这样的苦恼，于是我跟孩子讨论的结果是，每节网课结束后，屁股就要离开座位。好多时候，她站起来一下就坐下了。

不过没关系，这不是重点，不要过度关注。我们换个思维方式想，站起来就有在屋里晃荡的可能性，就有在屋里走几步的可能性。在屋里走几步就有拉开门出去晃一圈的可能性。咱们得先从最小可执行的事开始，哪怕小之又小。

我家孩子今年上高一，英语一直是她的劣势学科。

她六年级时，和我信誓旦旦地说要开始好好学英语了，一天要背30个单词。千万别信，这只是个美丽的愿望、冲动的想法而已。当听到孩子反馈的是30个，大部分家长一般都会说"30个哪够啊，至少背50个"。

这就是因为家长没有理解"能力"和"冲动"的差别而造成的。

我给孩子的回应是："你从今天开始要**背**单词了吗？那你准备**读**哪些单词呢？"注意，我把"背"变成了"读"。然后问她："你什么时间读啊？"——这就到了"当什么时，做什么事"阶段。

我们总认为孩子是"说到做不到"，其实往往是我们对孩子的要求太高了。孩子本来说了一个愿望，结果被家长当成了KPI考核。

体育测试要考跳绳，孩子告诉家长："从今天开始，每天跳200下。"

有的家长可能会说："200下可不行，至少是跳两组200下。"

我们家长千万不要这样，咱们得让他（她）先拿起跳绳跳才行，而不是先擦亮眼睛盯着孩子，数落孩子：昨天没跳，今天又没跳；还有的家长，孩子跳时不表扬，孩子没跳时却马上批评。这样的话，孩子就会失去了挑战自我的动力。

孩子的习惯姑且可以分为三类：第一类是已经养成的好习惯，第二类是需要养成的好习惯，第三类是需要改掉的坏习惯。

我们家长普遍容易关注坏习惯，其实这很好，因为这是孩子的成长点，问题的关键是家长怎么关注。

我在假期经常会做一些针对重度网瘾和休学厌学的学生的训练营，第一节课我首先会让他们对自己有一个准确的认知。我问他们："你们知道你们现在的学习状态叫什么吗？"大家就说："休学。"

我告诉他们："这不是你们现在的学习状态，你们现在是'自学生'。什么意思呢？就是当自己搞不定时，知道按下暂停键，这是非常了不起的。'先停下来'

亲子篇 02
孩子知道最优解——化解家长与孩子的价值冲突

比'带病继续坚持'还要好一点儿。"

有一个女孩率先说:"老师您告诉我们家长,凡是坏习惯,家长不用说,我们都知道。但是,我不知道怎么改。"

孩子说得非常对——所谓的坏习惯,家长不用说,孩子都知道。

这个女孩接着说:"家长天天骂我懒,我不知道怎么变勤快。我偶尔早起一回,家长又说我坐在那里发呆,还不如多睡一会儿,还能养养精神。对于家长来说,昨天挑剔的是你懒,今天挑剔的是你起来还得干点什么,比如抓紧洗漱,最好还能背几个单词,背几首古诗。"

爸爸的思维大多是理性的,我们好多妈妈给丈夫的口令都是让他们猜,从而导致了很多不必要的家庭矛盾。下面举个家庭中更形象的例子。

妈妈平静地说:"周末能不能别玩手机?"
爸爸很听话,周末在家睡觉。

妈妈又不耐烦地说:"周末能不能别睡懒觉?"
爸爸很听话,起来坐在了沙发上。

妈妈便嫌弃地说:"周末能不能别在家里待着?"
爸爸很听话,出去了。

妈妈很生气地说:"周末能不能多在家?"
爸爸也生气了:"你到底让我干什么?!"

妈妈其实只想让爸爸分担点家务,但就是不直接说,让他用排除法自己悟,悟不出来就得干仗。**其实,对孩子也是一样,想让孩子做什么,家长就说什么,别老让孩子猜。**

五、"为你好"更是"为大家好"

在家庭教育的广袤天地中,"为你好"这三个字如同一个神秘而又极具分量的咒语,常常从家长的口中飘出。它看似是家长对孩子最无私的爱与关怀的浓缩,然而,当我们细细剖析,却会发现这简单的三个字背后,往往隐藏着更为复杂的动机——"为大家好"。在家庭这个紧密相连的小社会里,孩子的成长从来不是孤立的事件,而是与家庭中的每个成员息息相关。每句"为你好",某种程度上都像是家长在家庭和谐与孩子个人发展这架天平上放置砝码的过程,而这砝码究竟如何摆放,值得我们深入探究。

有一对夫妻都在北京市朝阳区当老师,当时爸爸马上要被学校提干,在此时却有个海淀区的学校邀请他去工作。于是家里就平衡了一下,觉得"爸爸升职"与"孩子去海淀读书"相比没那么重要,于是他们就搬到了海淀居住。但妈妈还得在朝阳区工作,通勤就不太方便,比较辛苦。案例到这里似乎一切都显得如此"理所应当",可没想到,孩子在学校的成绩非常一般,也没有明显提升。于是这对夫妻就找到了我。

这位妈妈和我讲:"早知道他这么不争气,就不折腾了。"

我反问她:"请您思考一个问题,但不许生气。生在海淀的孩子,是不是就不欠爹妈这份人情了?!您再认真想想,孩子爸爸的工作从朝阳区调到海淀区,第一受益人真的是孩子吗？是不是爸爸也享受到了职业成就感？那为什么要把工作调动的动力归结于孩子并借此向孩子施压呢？"

……

我还听到一些家长反馈，有的是为了让孩子接受更好的教育，把孩子留在老家让老人照顾，自己努力在北京打拼，等条件变好，把孩子接来，发现孩子已经形成了很多不好的习惯；有的是为了给孩子提供更好的生活，每天忙于工作，却得不到孩子的理解；有的是为了孩子做了全职妈妈，可是从高中开始孩子就变得不乖了，认为孩子不争气；有的是家里条件比较好，给孩子报了各种特长培训班，还有司机接送、保姆照顾生活，最终却发现孩子沉迷于打游戏、陪同学去酒吧……

<u>孩子是家长奋斗的重要动力源，但不是唯一的。孩子成长不仅需要物质生活保障，更需要父母的陪伴和精神引领。</u>

把工作的辛苦归因于为了孩子，这不够理性，孩子只是享受家长创造的生活福利的人员之一。家长奋斗的路上不要忽视自我成就，孩子成绩不理想也不等于不想学，更不能代表孩子不了解、不感恩父母的付出。有时候正是因为懂事，孩子才会产生更多的心理负担。

家庭中还容易产生因教育观念差异导致的冲突，表象多种多样。很多妈妈说"爸爸太独断"；很多爸爸说"妈妈太溺爱"。爸爸妈妈又合起来对老人的教育方式不认同，<u>既"离不开"又"看不上"</u>。

这时候，不管是爸爸妈妈还是爷爷奶奶、姥姥姥爷，大家要记住，所有围绕这个小朋友的成年人，目标都是一致的，出发点都是好的，方向都是对的，关键是怎么让各方的优势形成合力。特别是爸爸妈妈，一定要相信老人是比专业人士还要优秀的教育专家，千万不能当着老年人的面儿，否定老人对孩子的教育。我们好多孩子，从小跟着老人一起长大，他们与老人的关系非常紧密。如果经常否定老人的教育方式，那么孩子会找不到自己的安全区域。

有一次，我和一位海淀区某知名学校的前校长聊天，她退休后在家带外孙女，很看不惯闺女和女婿的做法：他们总是控制刚上幼儿园小班的外孙女吃糖。这位校长是懂教育的，她每次去闺女家时都会偷偷藏一包棒棒糖，悄悄塞给外孙女,还告诉孩子"偷着吃,千万不要被爸爸妈妈发现"。

这就是老年人,他们不希望我们过度苛求孩子遵守一些所谓的规则,而是要有一定的弹性,所以孩子的爸爸妈妈有时候要多理解老人的心情和行为。

父母与孩子之所以产生冲突,往往是因为面对问题时陷入了"对错思维"。不仅仅父母陷入了争输赢的状态,孩子也把自己和父母的关系视作权力争夺战。

我在网络上看到一位父亲讲述他和孩子的故事,大概的对话场景是这样的。

爸爸告诉孩子周六的安排:"我们周六去爷爷奶奶家,陪他们过周末。"

"不行,我周六约了小明一起去图书馆。"

"我已经跟爷爷奶奶打电话说过了,周六回去陪他们。"

"可是您并没有提前征求我的意见啊,我已经答应同学了。"

"这么多天没有去看爷爷奶奶了,难道不应该去陪陪他们吗?你可以下周去图书馆啊。"

"不行,我们已经约好了,我们还要一起去买文具……要不你们去爷爷奶奶家,我和同学去图书馆。"

"你怎么这么不懂事,你答应同学周六出去也没有提前跟我打招呼。我已经告诉爷爷奶奶和你一起回去了,他们都很想念你,你怎么忍心让他们失望?"

……

爸爸认为去看爷爷奶奶更重要,孩子却认为遵守同学之间的约定更重要。如何做才能既陪伴爷爷奶奶过周末,又能与同学一起赴约呢?这是冲突背后的真问题。孩子可以电话告知同学,原定去图书馆的时间不变,但需要高效把购物等事做完,之后与父母在图书馆汇合,再去爷爷奶奶家。通过这件事,家长与孩子可以约定:以后周末的时间安排,大家要提前互相告知。

这样的冲突,还经常发生在我们的日常生活中。

有一次我在公司楼下的餐厅用餐,听见一对母女的对话。

妈妈问孩子:"你的手机密码是什么?"

亲子篇 02
孩子知道最优解——化解家长与孩子的价值冲突

"我为什么要告诉您我的手机密码?"

"你是未成年人,我作为你的监护人,有权利知道你的事情。"

"这是我的个人隐私,您凭什么翻看我的手机?"

"你肯定做了什么不好的事情,不然你有什么好怕的!"

"我就是不想让您看,我可以告诉您我使用手机做了什么事情。"

"你不让我看就说明你在玩儿游戏、看小说……"

妈妈认为监管孩子的手机使用情况是家长的权力,孩子认为个人需要有自己的秘密,于是妈妈的担心和孩子的隐私权发生了冲突。如何让妈妈能够了解孩子的手机用途,又不让孩子觉得隐私被侵犯?家长可以和孩子商定,每周家长可以不定时抽查手机两次,孩子需要配合妈妈打开手机接受检查。这样,以互相尊重为前提,家长也了解了孩子使用手机的情况。

孩子责问妈妈:"我们在家发生的事情,您为什么要告诉老师?"

"我说你,你不听我的,我才不得不告诉你们老师。除了爸爸妈妈和你们老师,谁愿意管你?"

"您是不愿意管我,才把我推给老师的。"

"我说你,你不听啊……"

"您难道就没想过是您说得不对,我才不听的吗?"

"你在家不认真写作业,不主动学习,熬夜不睡觉,早起赖床这些是我让你做的吗?"

"难道老师要来家里叫我起床吗?您把这些事情告诉老师的目的是什么?"

"你是不是觉得没有面子了?我就是要让老师知道你在家的真实表现。你不想让我说,你可以在家表现得好一点儿啊,让我有向老师夸你的理由。"

"请您以后不要跟老师告状,不要说我坏话!"

妈妈认为自己跟孩子沟通不通畅,应该求助老师;孩子坚持认为家里事情应该在家里解决,不应该告诉老师。

发生这样问题的核心原因是妈妈的需求("你不听我的,我找你敬重的老师管你")和孩子的需求("我很在意我在老师心目中的形象,我希望家是安全的")发生了冲突。

057

孩子需要尊重，家校需要边界。

老师不能代替家长，学校教育不能替代家庭教育。如何兼顾妈妈的感受与孩子的挑战？比如能否大家一起讨论，约定好晚上睡觉时间和早上起床时间，妈妈负责提醒，孩子积极配合。

六、夫妻矛盾，别让孩子买单

家庭，本应是孩子最温暖的港湾，是孩子心灵栖息的世外桃源。然而，在家庭教育的画卷中，却时常出现一些不和谐的笔触——夫妻矛盾。夫妻间的争吵、冷战如同阴霾，悄无声息地在家庭上空蔓延。在这些冲突的漩涡中，孩子往往成为最无辜的受害者。孩子纯净如水晶般的心灵，不应被父母的矛盾刺痛；他们那充满憧憬的眼神，不应因家庭的纷争而黯淡。"夫妻矛盾，别让孩子买单"，这不仅是一句口号，更是保障孩子健康成长的关键防线。

在我从事家庭教育咨询的十余年中，我遇到很多由于夫妻矛盾，让孩子长期处于父母争吵氛围中的案例。这样的家庭容易让孩子变得紧张、脆弱和敏感，他们可能会担心父母是否会因为这些矛盾而分开，自己是否会失去爸爸或妈妈。这种担忧会长期萦绕在孩子心头，让他们在日常生活中处处小心翼翼，无法全身心地投入到正常的学习和玩耍之中。

1. 夫妻吵架，忽略孩子的感受。

小光的爸爸是一位营销项目经理，妈妈则全职在家照顾家庭。这本该是一个幸福美满的小家庭，却因为父母间频繁的争吵，让家里的氛围变得压抑而紧张。

一天晚上，时针已经指向了九点，小光坐在客厅的沙发上，眼睛时不时地看向门口，等着爸爸回家。妈妈在一旁收拾着凌乱的玩具，脸色越来越难看。终于，门锁转动，爸爸带着一身酒气走进了家门。

妈妈忍不住爆发了："你看看你，下班不回家，又出去应酬，你心里到底有没有这个家？你对家庭太不负责任了！"妈妈的声音越来越高，眼里满是愤怒和委屈。

爸爸被这突如其来的指责弄得有些烦躁，皱着眉头反驳道："你还好意思说我？你看看这个家，邋里邋遢的。你作为一个女人，整天就知道唠叨，我都不想回家了！"

小光坐在沙发上，看着爸爸妈妈你一言我一语地争吵，眼里蓄满了泪水。他感觉自己好像被爸爸妈妈遗忘在了这个充满火药味的空间里。每次爸爸晚归，妈妈就会这样数落爸爸，而爸爸也总是用那些伤人的话回击妈妈。

而这一切发生时，父母往往忽略了家庭中另外一个成员——孩子。

孩子的感受不被父母关注，家庭中充斥着紧张和矛盾，孩子没有安全感，面对最爱的爸爸妈妈：一个寻找各种借口不回家的爸爸，一个提到爸爸就抱怨满天飞的妈妈，让孩子不知所措，变得紧张、脆弱和敏感。

2. 夫妻吵架，归因于孩子的错。

在许多家庭矛盾中，还存在着另一种令人担忧的现象——夫妻吵架归因于孩子的错。有些家长甚至声称："我们曾经很恩爱，我们的矛盾主要是因为孩子引起的。"

由孩子教育问题引发的夫妻矛盾，主要分为两种类型。

第一种类型是，夫妻之间原本就存在矛盾，而孩子作为双方共同关注的对象，便自然而然地成了矛盾爆发的导火索。在这样的家庭中，夫妻双方往往没有正视他们之间存在的根本问题，而是在孩子的教育问题上互相指责，将长期积累的不满情绪通过对孩子教育的争论发泄出来。这种情况下，夫妻必须正视彼此间的矛盾，积极去寻找解决问题的方案，绝不能拿孩子当作赌气的筹码，否则会对孩子造成极大的伤害。

第二种类型是，夫妻之间感情很好，但由于个人成长背景各异，在孩子的教育方式上产生了分歧。例如，一方可能成长于宽松自由的家庭环境，认为应该给予孩子足够的自主空间；而另一方可能来自管教严格的家庭，觉得对孩子就应该严格要求。这种因教育理念不同而产生的分歧，如果处理不当，也会引发夫妻间的争吵。对于这种情况，夫妻双方要允许分歧的存在，耐心地交流彼此的成长史，倾听对方在其教育观念背后的真实想法，深入了解教育分歧背后彼此心中的真实需求，这样才能避免不必要的争吵，维护家庭的和谐。

3. 夫妻赌气，让孩子当传话筒。

在一个看似平常的家庭里，夫妻二人一旦吵架，就会陷入冷战的僵局，谁也不愿意主动打破这份冰冷的沉默去好好沟通。他们选择了一个最不应该的方式来传递彼此的想法——让孩子在中间充当传话筒。

每次争吵过后，孩子便战战兢兢地穿梭在父母之间。父母会把对对方的不满情绪毫无保留地发泄给孩子，让孩子去转达那些充满怨气的话语。孩子小小的心灵在这种环境下变得无比沉重，左右为难。

长此以往，这种不良的沟通方式逐渐成了一种习惯。夫妻双方越来越习惯于通过孩子来间接交流，习惯性地回避了直接面对问题的责任。而孩子呢，在这个过程中，逐渐学会了察言观色，那双纯真的眼睛总是紧张地关注着父母情绪的每一丝变化，而不得不把自己的感受深埋心底，因为在父母的情绪风暴中，孩子自己的感受已经变得微不足道了。这就像一场无声的暴风雨，在孩子的内心世界肆虐，却没有人看到孩子心中的恐惧和无奈。

4. 夫妻吵架，让孩子当判官。

在家庭这个本应温馨的港湾里，有时却会掀起狂风暴雨。夫妻间的争吵如同一场场没有硝烟的战争，而令人揪心的是，他们竟然把孩子拉进了这混乱的战局，让孩子充当起了判官的角色。

每当夫妻二人吵得不可开交时，他们不再是理智地解决问题，而是执拗地争个对错、拼个输赢。他们把目光投向了无辜的孩子，要求孩子来评判到底是谁对谁错。孩子那小小的心灵根本承受不了这样沉重的任务，被迫在父母的矛盾中做出抉择，就像在雷区中战战兢兢地行走。孩子在这样的情境下，内心的安全感被一点点地侵蚀，迷失了本该无忧无虑的童真。

5. 夫妻吵架，拉孩子当帮手，孤立对方。

在一些家庭中，夫妻间的争吵往往会演变成一种伤害孩子心灵的闹剧。当夫妻产生矛盾时，他（她）竟会做出极不恰当的举动——拉孩子当帮手，试图孤立对方。

争吵中的一方会将孩子拉到身边，不停地诉说着对方的种种缺点，那语气中满是指责与怨恨。他（她）甚至要求孩子表忠心，一同去对抗爱人。孩子在这种情况下，被迫卷入了父母的纷争之中。

一旦选择站在父母其中一方，孩子的视角就会变得片面。孩子眼中看到的另一方，仿佛只剩下了不好的地方，全然忽略了另一方对自己的爱和无微不至的关怀。在这种不健康的家庭氛围里，孩子内心的天平开始倾斜，纯真的心灵被父母的矛盾蒙上了一层阴影，而家庭原本该有的温馨与和谐，也在这一次次的争吵和不恰当的"拉帮结派"中，渐渐消散。

从教育的角度来看，这些都是非常需要父母警醒的问题。在家庭产生矛盾时，孩子是不折不扣的弱者。他们没有足够的能力去处理成人之间复杂的情感纠葛。作为父母，肩负着保护孩子、为孩子创造良好成长环境的责任。父母应该有勇气直面问题，心平气和地坐下来，积极地进行沟通，寻找合理的解决方案。只有这样，才能避免让孩子成为父母矛盾的买单者，让家庭重新回归到温馨、和谐的氛围中，为孩子的成长撑起一片充满爱的天空。

七、这些问题，家长中了几条？

家长在与孩子的相处过程中，有没有这样一种情况出现：有某一件特定的事情，孩子已经不止一次地向家长明确地表达了他（她）内心深处的不满情绪，然而，家长却出于某些原因，比如自己所坚持的教育理念、长久以来形成的行为习惯，或者是对事情本身重要性的判断等，依旧持续地在做这件事情呢？

1. 写作业的苦恼

小园放学回家，一脸疲惫地把书包扔在沙发上，然后坐在书桌前，满脸不情愿地打开作业本。

此时，小园带着一丝烦躁和哀求对妈妈说："我已经说过很多遍了，我写作业时，您能不在我身边吗？您在这儿我感觉特别有压力，就像有座大山压着我似的。"

小园妈妈听到这句话，斩钉截铁、不容置疑地说："当然不行了，我说过很多遍，你写作业时要一气呵成，把所有作业全部写完再去玩儿你喜欢的乐高，这样不就更踏实了吗？你怎么就不明白妈妈的苦心呢？"

小园觉得很不理解，音量提高，并且情绪有些激动地说道："为什么呢？我觉得先放松一会儿，再写作业更专注。每次您在旁边盯着，我就感觉自己像个被监视的犯人，紧张得要命，根本没法好好思考。"

小园妈妈眉头紧皱，声音变得严厉："你怎么就是不听妈妈的话呢？'重要的事情优先做'是一个良好的习惯。你要是先玩了，心思就全跑了，作业还能写好吗？"

这时候小园眼睛里闪着委屈和愤怒的光，大声地反驳道："我先玩儿再写作业就是不认真吗？您这话有道理吗？您总是把您的想法强加给我，根本不考虑我的感受！"

小园妈妈被气得脸色通红，用手指着小园说："你竟然顶嘴……你这孩子越来越不懂事了!妈妈这都是为了你好,你怎么就不领情呢?"

2. 过度关注的苦恼

小军家距离学校一千米,每天妈妈都会雷打不动地接送小军。

早晨,妈妈早早地把小军从睡梦中叫醒,一边帮小军整理着衣服,一边絮絮叨叨地说着:"宝贝啊,今天外面有点凉呢,天气预报说气温只有10 ℃,你可一定要多穿点,别冻着了。"

下午放学,妈妈站在校门口,眼睛紧紧地盯着出来的每个孩子,一看到小军,就立刻迎了上去。妈妈仔细地打量着小军的脸,一脸担忧地问道:"怎么看起来不开心呢?是不是在学校遇到什么事儿了呀?"

小军一脸无奈,语气有些不耐烦地说:"没有。"

小军妈妈拉住小军的胳膊,不肯罢休地问道:"我就是感觉你不开心,你有什么事情可以告诉妈妈呀。你知道妈妈多担心你吗?你要是在学校受了委屈,可千万别憋在心里啊。"

小军挣脱妈妈的手,声音稍微大了一点儿,又再一次强调:"我没有不开心……"

小军妈妈见状,眉头皱得更紧了,语速加快道:"我看你很不高兴,是不是跟同学发生不愉快了啊?你告诉妈妈,妈妈帮你解决呀。"

小军显得有些烦躁:"我说过了,我没有不开心。您别老是这么疑神疑鬼的行不行啊?"

小军妈妈一脸委屈,声音也带着一丝哽咽:"我这不是关心你吗?你怎么还把脾气都撒给妈妈了……妈妈这么做还不都是为了你好啊。"

小军眼睛微红,大声地说道:"我说了,我没有不开心,您还一直问……您这样让我觉得特别烦!"

3. 否定的困扰

晓东耷拉着脑袋,一脸沮丧地走进家门,嘟囔着:"今天数学课老师提问我,我回答错了,好尴尬……"说完,一屁股坐在沙发上,用手不停地揉着衣角。

晓东妈妈正在厨房准备晚餐,听到晓东的话,从厨房探出头来,皱着眉头说:"你如果平时努力学习,这样的情况还会发生吗?你看看你,整天就知道玩儿。"

晓东一下子从沙发上站起来，涨红了脸，大声反驳道："我只是告诉您我今天课堂上回答问题回答错了，您怎么得出我平时不努力的结论？您根本就不了解情况！"

晓东妈妈走出厨房，双手抱在胸前，提高了音量："如果你提前做好准备，怎么可能回答错误呢？肯定是你不认真，学习时三心二意。"

晓东的眼眶有些泛红："我只是当时没有想起来，我本可以回答对的。您不能这么冤枉我！"

晓东妈妈却不依不饶，用手指着晓东，语气更严厉了："错了，还找借口。如果你对知识很熟练，就不会出现这种情况。你就知道给自己找理由！"

晓东感觉心中的委屈像潮水一般涌上来，眼泪在眼眶里打转，他带着哭腔喊道："总之您就是觉得我哪里都不行……您从来都不相信我！"说完，晓东冲进自己的房间，砰的一声关上了门。

4. 交朋友被家长干预的苦恼

周末的早晨，阳光透过窗帘的缝隙洒在杉杉的床上。杉杉正沉浸在自己的漫画书中，这时杉杉爸妈兴高采烈地走进房间。

杉杉爸爸笑着说："宝贝，今天我们又有好玩的活动啦。"

杉杉一脸疑惑地抬起头："什么活动？"

杉杉妈妈兴奋地解释道："我们邀请了妈妈的同事一家一起去郊外野餐。他们家也有个小朋友，这可是个认识新朋友的好机会哦。"

杉杉一听，立刻皱起了眉头，把漫画书往旁边一扔，嘟囔着："我不想去，我跟他们家小孩没有共同语言，我不想跟他玩儿……"

杉杉爸爸的笑容瞬间消失了一些，有些严肃地说："多交朋友对你有好处啊。你看人家孩子，学习很好，性格又外向，你多和他接触接触，对你的成长有帮助。"

杉杉的情绪开始有些激动，他从床上坐起来，大声说："为什么不征求我的意见呢？你们总是这样自作主张！"

杉杉妈妈走上前，试图安抚杉杉："这不是为你好吗？周末爸妈都陪着你出来，就是想让你能多交些朋友。妈妈都已经跟人家爸妈约好了，你必须去。"

杉杉喊道："你们根本就不考虑我的感受！我不想去就是不想去！"

杉杉爸爸的脸色变得有些难看："你这孩子，怎么这么不懂事呢？我们为你安排这些，你还不领情。"

杉杉把被子一拉，蒙住自己，在被子里喊道："我不管，我不去！"房间里的气氛顿时变得十分紧张。

5. 经常被比较的痛苦

饭桌上，一家人刚吃完饭，小泉放下碗筷，站起身来准备离开。

小泉妈妈皱着眉头，一脸不满地指着小泉说："你看你，吃完饭就知道一抹嘴走了，你看你弟弟这么小，都知道帮着收拾家务。你都这么大个人了，一点儿自觉性都没有。"

小泉停下脚步，脸上露出一丝不悦，语气有些生硬地说："我说过了，别拿我跟他比……"

小泉妈妈"啪"地一下把筷子放在桌上，提高了嗓门："你做得不好，还不让说吗？你看看你，像个什么样子！"

小泉的情绪也被点燃了，他瞪大了眼睛，反驳道："那我比他做得好的地方您怎么不说呢？您就只知道盯着我的缺点。"

小泉妈妈不屑地哼了一声："你说你哪一点儿比弟弟做得好？你倒是给我讲讲。"

小泉挺了挺胸膛，一脸骄傲地说："我足球踢得好，在学校足球队里我可是主力呢！这难道不算优点吗？"

小泉妈妈却丝毫没有被打动，反而挖苦道："你咋不跟弟弟比谁听话呢？你就知道成天在外面踢那个球，有什么用？弟弟多乖啊，让他做什么，他就做什么，哪像你，就知道顶嘴。"

小泉气得满脸通红，他紧握双拳，大声喊道："您就是偏心！不管我做什么，您都觉得弟弟好，那以后就只让弟弟陪好了！"说完，小泉气冲冲地跑回了自己的房间。小泉妈妈则坐在桌前，一脸无奈。

……

通过上面的故事，家长朋友应该意识到：

当孩子频繁地表达不满时，作为家长的您，可曾静下心来认真思考孩子的这些感受究竟从何而来？孩子每次表达不满，背后或许隐藏着他们内心深处最真实的渴望与诉求。

孩子频繁地表达不满,绝非无端的任性之举,而往往是他们在渴望被重视、被认可、被关注。

对于孩子的合理要求,家长应毫不犹豫地给予满足,让孩子感受到被尊重和关爱。而对于不合理的愤怒,则需要家长以耐心和智慧进行引导,帮助孩子学会正确地表达情绪和需求。

八、您的孩子就是您的孩子

在家庭教育的领域中,有一个观念如基石般稳固且重要——"您的孩子就是您的孩子"。这句话看似简单直白,却蕴含着无尽的深意与力量。

孩子,是生命的延续,是家庭的希望,更是独特的个体存在。当我们成为父母的那一刻起,这个小小的生命便与我们紧紧相连。他们带着对世界的懵懂与好奇来到我们身边,我们见证着他们的每次成长与蜕变。您的孩子,从呱呱坠地的那一刻起,便带着您的血脉与基因,他们的一颦一笑、一举一动,都可能有着您的影子。然而,他们不是您的复制品,他们有着自己独立的思想、情感和人格。

我们家长不要将自己未实现的梦想强加于孩子身上,不要忘记他们有自己的人生道路要走。我们可能会在忙碌的生活中忽视孩子的需求,忘记了他们也

亲子篇 02
孩子知道最优解——化解家长与孩子的价值冲突

渴望被关注、被理解、被爱。但请记住,您的孩子就是您的孩子,他们不是实现您梦想的工具,不是您炫耀的资本,他们是独一无二的生命个体,值得我们用全部的爱去呵护、去引导、去尊重。

经常听到家长和我抱怨:

■ **我家孩子成绩很差,我天天盯着他(她)写作业也没有什么效果。他们班级有的学生家长都不怎么管孩子,可是孩子却很优秀。**

强强的妈妈最近十分苦恼,她总是向老师抱怨:"我家孩子成绩很差,我天天盯着他写作业也没有什么效果。"

为了提高强强的成绩,她几乎放弃了自己所有的业余时间,每天孩子放学回家后,她就坐在旁边,看着强强写每项作业。一旦发现错误,立刻让他改正,孩子稍微走神,她就严厉批评。然而,孩子却始终没有明显提升成绩,甚至对学习产生了抵触情绪。

反观孩子班里的同学宝莉,她的家长平时工作很忙,几乎没什么时间管她的学习,但这个孩子很优秀,成绩一直名列前茅。老师经过观察和了解发现,宝莉从小就养成了良好的学习习惯。她会自己制订学习计划,主动完成作业,遇到问题先尝试自己解决,实在不懂才去请教老师或同学。而且她对学习充满了兴趣,会主动阅读各种书籍,拓宽自己的知识面。

√ 我给的建议:

老师找强强的妈妈谈话,建议她改变教育方式,不要过度盯着孩子写作业,而是要注重培养孩子的自主学习能力和学习兴趣。家长要给孩子一定的空间,让他学会自己管理时间和学习任务。同时,多鼓励孩子,激发他的学习动力。

■ **我家孩子玩游戏成瘾,已经严重影响了学习,经常会因为熬夜玩游戏导致起床困难而旷课。老师经常打电话过来,我都觉得很是头疼。**

辰辰原本是一个聪明活泼、学习成绩中等偏上的学生。然而,自从接触了一款热门游戏后,便一发不可收拾。

起初,辰辰只是在完成作业后,玩一会儿游戏放松一下。但渐渐地,他玩游戏的时间越来越长,还经常熬夜玩,导致第二天起床困难。为了多玩一会儿游戏，他甚至开始找各种借口不去上学，旷课的次数也越来越多。

老师多次打电话给辰辰妈妈，反映孩子在学校的不良表现。辰辰妈妈也尝试过与孩子沟通，限制他玩游戏的时间，但孩子总是表面答应，背地里却依然沉迷于游戏。

有一次，辰辰妈妈半夜起来，发现辰辰房间的灯还亮着。推开门一看，他正在全神贯注地玩游戏。辰辰妈妈顿时火冒三丈，严厉地批评了他。但他却不以为然，甚至与家长发生了激烈的争吵。

随着时间的推移，辰辰的学习成绩一落千丈。原本对学习充满热情的他，现在变得对学习毫无兴趣。

√**我给的建议：**

为了让辰辰妈妈意识到问题的严重性，并寻求各种方法来帮助孩子摆脱游戏成瘾的困境，我推荐她咨询了专业的学习治疗师，并且参加了家长培训课程，还尝试与孩子一起制订合理的学习计划和娱乐计划。

经过一段时间的努力，孩子逐渐认识到游戏成瘾的危害，开始慢慢减少玩游戏的时间，重新投入到学习中。虽然这个过程充满了挑战，但辰辰妈妈坚信，只要坚持不懈，孩子一定能够克服游戏成瘾的问题，重新走上正轨。

■ **我家孩子现在上初中了，喜欢和同学攀比衣服、鞋子等，注意力完全不在学习上。**

李女士的孩子小明今年上初中，原本是个乖巧懂事的孩子，学习成绩也还不错。但不知从什么时候起，小明开始热衷于和同学攀比衣服、鞋子等物品。

一次，小明放学回家后满脸不高兴。李女士询问后才知道，原来班上有名同学穿了一双新款的名牌运动鞋，同学们都围着他夸赞，这让小明心里很不是滋味。从那以后，小明就开始频繁地要求李女士给他买各种名牌衣服和鞋子。

李女士一开始并没有太在意，觉得孩子长大了，爱美也正常。但渐渐地，她发现小明的注意力完全不在学习上了。每天上学前，小明都要花很长时间挑选衣服和鞋子，还会因为自己的穿着不够好而情绪低落。在学校里，小明也总是和同学们讨论最新的时尚潮流，对学习却提不起兴趣。

老师也注意到了小明的变化，多次找他谈话，小明却觉得只有穿得好才能在同学中有面子，学习成绩好不好并不重要。

✓ 我给的建议：

请家长尝试和小明沟通，告诉小明外在的物质并不能代表一个人的价值，真正重要的是内在的品质和知识。减少给小明的零花钱，让他明白不能随意挥霍金钱去追求物质享受。同时鼓励小明参加一些有益的课外活动，如读书俱乐部、志愿者活动等，让他把注意力从物质攀比转移到更多有意义的事情上。

经过一段时间的努力，小明终于开始慢慢改变。他不再过分关注同学的穿着，而是把更多的时间和精力放在学习上。虽然这个过程很艰难，但李女士看到孩子的转变，感到无比欣慰。

■ **我家孩子特别容易情绪失控，经常莫名其妙地为一些小事哭闹、发脾气，每次耐心引导、安慰都不管用，最后我生气了，大声呵斥或者动手，他才能停止……**

张女士的孩子乐乐上小学三年级。乐乐平时看起来活泼开朗，但特别容易情绪失控。

有一天放学，张女士接乐乐回家。在路上，乐乐看到一个小朋友拿着一个漂亮的气球，便吵着也要一个。张女士耐心地解释说现在没有地方买气球，等下次看到了再给他买。乐乐却不依不饶，立刻就大哭起来，边哭边跺脚，引得路人纷纷侧目。

张女士见状，赶紧蹲下身子安慰乐乐，告诉他不要哭，妈妈下次一定会给他买一个更漂亮的气球。然而，乐乐根本听不进去，哭声越来越大。张女士又尝试着转移乐乐的注意力，跟他说回家可以看他喜欢的动画片，但乐乐依旧哭闹不止。

张女士的耐心逐渐被耗尽，她开始有些生气地说："你怎么这么不懂事呢？只是一个气球而已，有什么好哭的。"可乐乐还是没有停止哭泣。无奈之下，张女士提高了音量，大声呵斥乐乐："别哭了！再哭就不带你回家了！"乐乐被妈妈的呵斥吓了一跳，哭声小了一些，但还是抽抽搭搭的。

张女士见呵斥有了一点儿效果，又接着说："你要是再哭，我就打你了。"听到这句话，乐乐终于停止了哭泣。

类似的情况经常发生，每次遇到一点儿小事，乐乐就会莫名其妙地哭闹、发脾气。张女士尝试过各种耐心引导和安慰的方法，但都不管用，最后往往只能通过大声呵斥或者动手才能让乐乐停止哭闹。张女士对此感到非常苦恼，她不知道该如何帮助乐乐学会控制情绪。

✓ 我给的建议：

家长要理解孩子有情绪是正常的，不要急于否定或批评他们的情绪。比如，当孩子因为没得到想要的玩具而大哭时，不要说"这有什么好哭的"，而是可以说"我知道你很想要那个玩具，得不到很伤心对不对"。只有让孩子感受到自己的情绪被接纳，他们才会觉得更安全，也更容易平静下来。

教孩子用正确的方式表达情绪，比如可用语言描述自己的感受，而不是通过哭闹、发脾气等方式来表达。如可以说"你可以告诉妈妈你很生气，但是不要大喊大叫哦"，还可以和孩子一起讨论不同情绪的表现和应对方法，让其学会更好地管理自己的情绪。

没有孩子只有缺点，没有优点。但有的家长只看缺点，却忽视优点。

当我们发现孩子进步时，应为孩子感到骄傲。当我们发现孩子有些表现不足时，更应该提醒自己：我的孩子就是我的孩子，不盲目用别人家孩子的优势与自己孩子的劣势比较。

很多时候我们能看到别人家孩子的闪光点，却很难真正了解别人家的父母做了什么，很难了解别人家的家庭生活氛围的真实样子。

当对孩子的表现不满意时，听到老师反馈孩子在校表现不理想时，听到其他孩子取得某些成就时……家长往往会着急，想要帮助孩子实现超越。一旦着急解决所谓的问题，就容易忽视孩子的感受和孩子做某些事情的真实能力，导致盲目指挥或者用高要求考核孩子。

当且仅当我们能够悦纳孩子现状，才能真正清楚地了解自己内心的真实想法：**"我们的孩子就是我们的孩子，我们爱的是我们的孩子，我们对孩子的爱不带有附加条件。"** 只有这样，我们才能开始走出助力孩子成长的第一步。

有的家长在对孩子的表现不满意时，过度关注自己的感受，急于寻找情绪宣泄途径，把所有问题归因于孩子不争气、不努力……情绪失控时容易口不择言，伤害孩子的感情，破坏亲子关系，事后又会因为自己对孩子做出的不理智行为而自责。

我们的孩子就是我们的孩子。我们也不是别人的家长。

陪伴孩子的过程就是亲子共同学习进步的过程。我们要做的是了解孩子的年龄特点和发展需求，发现孩子的进步点，培养孩子的自信心，了解孩子的真实问题，不盲目地批评责备孩子，更不要让孩子为家长的情绪买单。

九、您的孩子不是您的孩子

纪伯伦的诗云："您的孩子，其实不是您的孩子，他们是生命对于自身渴望而诞生的孩子。他们借助您来到这世界，却非因您而来，他们在您身边，却并不属于您。您可以给予他们的是您的爱，却不是您的想法，因为他们有自己的思想。"

纪伯伦的这些诗句如同一盏明灯，照亮了我们对亲子关系的认知。

这些诗句让我们深刻地认识到孩子的独立性。孩子并非父母的附属品，他们是独立的个体，有着自己独特的生命轨迹。他们带着对生命的渴望来到这个世界，有自己的思想、梦想和追求。我们不能将自己的意愿强加于他们，而应该尊重他们的个性和选择。

孩子借助我们来到这个世界，但并不因我们而来。这提醒了我们，作为父母，我们的责任不是去塑造孩子成为我们想要的样子，而是为他们提供一个温暖、安全的环境，让他们能够自由地成长和发展。我们不能把孩子看作是实现自己未竟梦想的工具，而应该鼓励他们去追寻自己的梦想。

我们可以给予孩子的是爱，而不是我们的想法。对孩子的爱是无条件的，是接纳和包容。当我们用爱去陪伴孩子成长时，他们会感受到安全和信任，从而更加勇敢地去探索世界。

孩子有自己的思想，这是他们最宝贵的财富。我们应该尊重他们的思考和观点，鼓励他们独立思考、勇于表达。即使他们的想法与我们不同，我们也不应该轻易否定，而是要与他们进行平等的交流和讨论，帮助他们在思考中不断成长。

五岁的晓晓收到妈妈买的拼图礼物,眼睛瞬间亮了起来,满脸都是抑制不住的兴奋和开心。她迫不及待地把礼物盒子小心翼翼地放在桌子上,然后快速地打开盒子。看着盒子里色彩斑斓的拼图卡片,晓晓兴奋地搓了搓小手,立刻就开始拼接起来。

妈妈在一旁看着晓晓的动作,微微皱起了眉头,语重心长地说:"晓晓,你应该先观察图案,看有什么规律呀,这样拼起来才会更快更准确呢。"

晓晓头也不抬,一边专注地摆弄着拼图卡片,一边满不在乎地说:"不需要啊,我这样尝试也挺好的,我肯定能拼好。"说完,继续埋头尝试着拼接卡片。不一会儿,就有一些图案位置出现了错误。

妈妈着急地说:"晓晓,你看这形状,应该先选择四个角,有直角边的肯定是放在角上,这样才对呀。"

晓晓停下手上的动作,抬起头,小脸上露出一丝倔强,大声说:"我想自己弄!我不要您教。"

妈妈的脸色沉了下来:"你不会就要学啊!妈妈是为了你好,这样可以让你更快地完成拼图。"

晓晓噘着嘴,带着哭腔说:"我就不,我要自己拼。我能行。"说完,又低下头,继续自己尝试拼图,不再理会妈妈。妈妈看着晓晓的样子,既生气又无奈,不知道该如何是好。

妈妈的行为很容易破坏孩子对新鲜事物的兴趣，过度的指导容易剥夺孩子自我探索的成就感。

在现实生活中，我们常常会因为对孩子的过度期望而忽略了他们的独立性。我们希望孩子按照我们规划的道路走，希望他们取得好成绩、进入好学校、找到好工作。然而，这样的期望往往会给孩子带来压力，也可能会破坏亲子关系。

小凡生日那天，妈妈带她到蛋糕店去制作蛋糕，这是小凡期待已久的活动。到了蛋糕店，小凡很快就被一款汽车形状的蛋糕吸引了，想要自己动手制作这款蛋糕。

妈妈："这个蛋糕制作简单，并且奶油过多，我认为你的生日选择白雪公主这个更好一些，这个更漂亮……"（妈妈认为过于简单的蛋糕不利于锻炼孩子的动手能力。）

小凡："我就是喜欢汽车形状的蛋糕。"

妈妈："你看这款白雪公主的蛋糕多漂亮啊，裙子颜色丰富，还有各种形状。"

最终小凡在妈妈的诱导下，选择了制作白雪公主款式的蛋糕。

妈妈："小凡，注意这个地方应该用这个工具压花，这个……"

小凡机械地配合着妈妈的要求。

妈妈："小凡，这个地方应该放巧克力豆做装饰，这个……"

妈妈终于因为嫌弃孩子做得不够好，开始自己动手制作，小凡便成了旁观者。

最后妈妈制作了一款自己满意的生日蛋糕，离开蛋糕店时，妈妈说："你看你，是你要求来制作蛋糕，结果变成妈妈给你制作，你做事情怎么这么没有耐心……"

在这个故事中，小凡妈妈虽然出于好意，希望小凡能制作一个更有挑战性、更漂亮的蛋糕，从而锻炼她的动手能力。但在过程中，妈妈过于强势地干涉了小凡的选择，并且在制作过程中不断指挥，甚至最后自己亲自上手，导致小凡失去了参与制作的热情和乐趣。这也提醒我们，**在与孩子相处的过程中，**

要尊重孩子的合理选择和意愿，给予他们足够的空间去尝试和探索，而不是一味地按照自己的想法去要求孩子。

当真正理解了家庭教育的意义时，我们就能以更加平和、理性的心态去看待孩子的成长：我们会学会放手，让孩子在自由的天空中翱翔；我们会学会倾听，尊重孩子的声音；我们会学会用爱去滋养孩子的心灵，而不是用我们的想法去束缚他们。

小郁由于期中考试英语成绩不及格，被妈妈批评。妈妈要求小郁每天放学回家之后必须背诵一篇英语课文，妈妈下班回家之后就考核，如果考核不合格，他就要被罚抄写3遍。此后，家里几乎每天都要上演这样的母子对话情景：

妈妈："你背诵了吗？"

小郁："背完了/还没有。"

妈妈："我检查一下/赶紧背。"

小郁："哎呀，背诵这些有什么用呢？"

妈妈："英语就是要多背诵才行，单词的积累是提升英语成绩的必要条件。"

小郁："可是我背诵了，还是不会……"

妈妈："少废话，赶紧背！"

妈妈不在意孩子的学习情绪，更关心孩子的学习行动；妈妈不在意孩子的反馈，更关心孩子有没有落实妈妈坚信不疑的"正确"学习方法。

父母往往会对孩子的未来寄予厚望，为他们规划一条看似稳妥的道路。然而，孩子也有自己的梦想和追求。当两者产生冲突时，家庭中便可能弥漫着紧张的气氛。

小忧一直以来学习成绩优秀，在小学和初中时，一直都把爸爸妈妈向往的××大学作为自己的高考目标。因为新冠病毒引发了疫情，中考之后小忧把自己的高考目标调整为医科大学，希望通过自己的努力，未来能够在疾病预防及控制方面作出贡献。小忧爸妈不赞同孩子报考医科大学。于是，从孩子中考之后，家庭中就经常因为高考志向发生冲突。

家长："以你的成绩，上××大学没有问题，报考医科大学的话，未来做医生很辛苦，当医生责任重大。"

孩子："这是我的梦想，我就是要学习医学。"

家长："爸妈觉得你一个女孩子，未来做医生的话……爸妈希望你以后……"

在这种情况下，双方需要进行深入的沟通和理解，找到一个平衡点，既尊重孩子的梦想，又能让父母放心。毕竟，孩子的未来最终还是要由他们自己去书写。

有时候家长不仅是关注孩子的现在，还想控制孩子的未来，希望孩子按着家长认为的美好人生路线发展。

您的孩子不是您的孩子。

正如纪伯伦诗中所写："**您可以庇护的是他们的身体，却不是他们的灵魂，因为他们的灵魂属于明天，属于您做梦也无法达到的明天。您可以拼尽全力，变得像他们一样，却不要让他们变得和您一样，因为生命不会后退，也不在过去停留。**"

我们要允许孩子有自己的想法。当亲子出现分歧时，不要着急评判对错，而要选择倾听和交流。要求孩子做我们认为对的事情时，我们要思考这件事对孩子成长的意义。

和谐亲子关系，从戒掉这些说话习惯开始

俗话说:"良言一句三冬暖,恶语伤人六月寒。"

语言虽然看不见,摸不着,但是有着巨大的能量,充斥在家庭、环境和我们的心中。

据调查显示,60%以上的青少年罪犯都遭受过父母语言上的伤害。

很多亲子矛盾,都是因为语言表达方式不当引起的。

1. 本可以好好回答,却因反问伤了情。

洋洋:"妈妈,您看到我的学生证了吗?"

洋洋妈妈:"你的学生证,我怎么知道放在哪里?"

洋洋:"我找不到,所以才问您见了没有?"

洋洋妈妈:"你自己的重要证件,自己不好好保管,难道要我天天跟在你后边帮你收拾吗?"

想象一下,假如您经常被家人这样反问,会有什么样感受?

反问句通常会让孩子感觉自己问的问题很低级、愚蠢……反问句语气让人感受到莫名其妙的敌意,甚至感觉到自己的求助换来了对方的谴责和蔑视。家长这种高高在上的姿态,让孩子很不舒服。

2. 因为缺乏耐心把孩子推开,错失与孩子携手并进的机会。

欣欣:"爸爸,您能给我讲讲数学与行程相关的应用题吗?"

欣欣爸爸:"行程问题我已经给你讲过多少遍了,你怎么又来问?"

欣欣:"我不会做。"

欣欣爸爸:"你怎么总是记不住呢?我再给你讲一遍,听好了……"

想象一下,家长对孩子表现得不耐烦时,孩子会有什么样的感受?

(1)担心:爸妈觉得我很讨厌,他们不爱我。

(2)委屈:我只是想问一道题目,结果被训斥了一通。

(3)懊恼:我太笨了,爸爸讲了这么多次,我还是不懂。

(4)绝望:我可能真的不适合学习。

不耐烦的语气看似没有简单粗暴的指责、谩骂严重,但是家长表现得不耐烦时,孩子通过爸妈的音量、音调能够感觉到他们的不满、愤怒等情绪。

3. 口无遮拦地说狠话,伤了孩子还不自知。

周六降温到零下,兰兰约了同学一起出去玩儿。

兰兰妈妈："外边天很冷,你把羽绒服穿上。"

兰兰："我不觉得冷,我不穿。"

兰兰妈妈："你不穿,如果感冒发烧了,我可不管你。"

……

兰兰生气地摔门而出。

兰兰妈妈追到门外："你竟然敢摔门,你有本事出去就别回来。"

……

想象一下,孩子听到家长的这些狠话,还能感受到家长的爱和善意吗?

所谓的心直口快、刀子嘴豆腐心,有时只是为粉饰自己的错误表达方式找借口,看似把自己的行为合理化,却被孩子拒在心门之外……

4. 明明是对孩子有期待,张口说出的却是否定、挖苦语言。

笑笑爸爸："你看人家圆圆,再看看你。"

笑笑："我怎么了,还没有到高考,到时候说不定谁考得更好呢?"

笑笑爸爸："就你这样,还想高考超过人家吗?看看你的成绩,你如果能超过圆圆,我就在村里大庆十天。"

……

想象一下,家长对孩子的现在处处否定,对孩子的未来消极预言,孩子感受到的是什么?

林语堂说:"说话是一件不容易的事,我们天天都在说话,并不见得我们是会说话的。我们说了一辈子的话,试问有几句话是说得特别好的?"

作为父母,在与孩子交流时,更要注意沟通方式,莫因为不好的语言沟通习惯伤了至亲的人。

5. 家长不开心时说的那些伤害孩子的话。

■ "你怎么又……"

你怎么又做错了?

你怎么又不用心了?

……

- ■ "你能不能别再……"

你能不能别再让老师告状?

你能不能别再丢三落四?

……

- ■ "你总是……"

你总是不认真!

你总是玩儿手机!

……

- ■ "你再……我就……"

你再哭,我就生气了!

你再不去写作业,我就打电话告诉你们老师。

……

- ■ "我怎么会有你这样的孩子?"
- ■ "你真的让我很丢脸。"
- ■ "我再也不管你了!"
- ■ "早就给你说过很多遍,你不听,今天这样是你活该。"
- ■ "就你这样,能考上大学才怪!"
- ■ "你看人家孩子,你看你……"
- ■ "你真笨,这么简单都不会!"
- ■ "干啥事都是三分钟热度,没常性,长大了也没出息。"

……

当对孩子行为不满意时,这些没有经过思考就脱口而出的话可能形成对孩子的语言暴力,父母一味地只顾自己情绪的宣泄,使用指责、嘲讽、否定、比较、威胁等语言,只会伤害孩子的自尊。

在亲子关系中,情绪的管理至关重要。当孩子的行为让您感受到愤怒时,请务必在情绪即将爆发的那一刻，停下来，告诉自己："我现在有点生气，因为孩子的某些行为确实让我感到失望和困扰，比如虽然他（她）……，但我应该冷静下来，我希望他（她）能够认识到自己的错误，并且学会正确的行为方式，而不是在我的怒火中变得恐惧和叛逆。我要做的是引导他（她）成长，而不是用愤怒去伤害他（她）。"

当您因为孩子生气而控制不住要与孩子沟通时，请务必降低说话音量。高声的斥责往往只会让孩子关闭心门，陷入恐惧和抵触之中；而轻声细语却可能带来意想不到的效果。当我们降低音量时，我们传递的不仅仅是言语，更是一种尊重和理解。孩子会感受到我们在努力控制情绪，为了更好地交流，他们也更有可能放下防备，认真倾听我们的话语。只有这样的沟通方式，才能真正走进孩子的内心，才能解决问题，而不是制造更多的矛盾。

那些在愤怒之下说出之后又感到后悔的话，请千万不要再重复。因为这些话就像一把把利刃，会在孩子的心灵上留下难以磨灭的伤痕。我们可能在气头上说出"你怎么这么笨""我后悔生了你"之类的话，但这些话不仅不能解决问题，反而会严重打击孩子的自信心和自尊心。一旦说出这些话，我们可能会在事后感到无比懊悔，但伤害已经造成。所以，从现在开始，让我们学会在愤怒时闭嘴，在冷静后再选择合适的语言与孩子交流。

亲子关系是一段漫长的旅程，在这个过程中，我们会遇到各种挑战和困难。但只要我们学会管理自己的情绪，用爱和理解去与孩子沟通，我们就能共同成长，建立起更加深厚、更加美好的亲子关系。

定制程序

1. 当对孩子的表现满意或者不满意时，我们要提醒自己，这都是孩子成长过程中的真实表现。
2. 当发现孩子表现不好的时候，就是孩子需要我们帮助的时候。
3. 我们是孩子成长路上的队友，而不是对手。
4. 希望孩子做什么，首先要相信孩子可以做到，再跟孩子拆解目标。

5. 当我们发现孩子不懂感恩时，需要关注孩子的真实感受。

6. 愤怒降级七步法：

①允许自己有愤怒情绪。

②不要过于着急摆脱愤怒。

③明确告诉自己：我很生气！

④为自己的情绪负责，按下暂停键。

⑤反思为何生气，是孩子的行为让我生气，还是因这件事而产生的想法让我生气？

⑥我想要怎么做？这样做是出于关心，还是为了发泄自己的不满？能否对孩子产生积极影响？

⑦爱需要正确地表达，选择自己认可的方式与孩子沟通。

03

学习篇

有困难但不畏难
——缓和家庭学习指导的焦虑

我问 您答 ?

孩子在学习过程中遇到挫折或失败时,您的做法是什么?

➢ 当孩子 10 道题做错了 3 道时,您会说/做:＿＿＿＿＿＿
  ☐ 没关系,下次努力。
  ☐ 你怎么又错了/这么简单,你竟然能做错。
  ☐ 立刻、马上改过来。
  ☐ 你在想啥呢?
  ☐ 很忙,没时间关心孩子的作业。

➢ 孩子遇到难题,向家长求助时,您会说/做:＿＿＿＿＿＿
  ☐ 老师上课讲过吗?你认真听讲了吗?
  ☐ 这么简单,怎么还不会?
  ☐ 可以下课问老师和同学,我也不会。
  ☐ 你要学会自己思考。
  ☐ 耐心了解孩子的痛点难点,一起研究解决方法。

➢ 大考前,孩子担心考不好时,您会说:＿＿＿＿＿＿
  ☐ 考不好也没有关系/别担心,你一定可以考好。
  ☐ 还没考,你怎么知道考不好?是不是太紧张了。
  ☐ 早知今日,何必当初,现在说什么都晚了。
  ☐ 你怎么会有这样的想法?是担心哪个科目?
  ☐ 加油,相信自己一定可以。

调研数据

根据《家庭教育蓝皮书（2024）：中国家庭养育环境报告》的数据，家长的养育风格和孩子的作业压力和作业完成时间之间，存在着显著的相关性（见表3-1）：家长的各类积极养育风格（温暖鼓励、情感性支持和理性管教）和孩子的作业压力（r 系数从 $-0.078 \sim -0.102$）及作业完成时间呈负相关（r 系数从 $-0.034 \sim -0.041$），其中和作业完成时间的相关性相对较弱。数据分析表明，当家长更倾向于使用积极的养育风格时，学生完成作业时的压力和时间也会随之减少。同时，家长的负面养育风格（严厉冷漠和干涉倾向）和孩子的作业压力（r 系数从 $0.025 \sim 0.038$）及作业完成时间呈正相关（r 系数从 $0.030 \sim 0.039$），虽然相关性相对较弱，但分析结果显示，当家长的养育风格更负面时，学生的作业压力和作业完成时间都会相应增加。

表3-1 家长养育风格与作业压力、作业完成时间的相关分析

		1	2	3	4	5	6
1	温暖鼓励	—					
2	情感性支持	0.571	—				
3	理性管教	0.291	0.339	—			
4	严厉冷漠	-0.157	-0.208	-0.214	—		
5	干涉倾向	-0.099	-0.109	-0.136	0.0493	—	
6	作业压力	-0.102	-0.091	-0.078	0.038	0.025	—
7	作业完成时间	-0.040	-0.041	-0.034	0.039	0.030	0.381

注：$p<0.001$。

基于学段的调节模型分析显示：如图3-1，家长的养育风格对学生作业压力的影响在初中和小学学段更强，在高中学段较弱。如表3-2，家长的温暖鼓励养育风格对学生作业压力的保护作用在初中（$\beta=-0.086$，$p<0.001$）和小学学段（$\beta=-0.086$，$p<0.001$）要显著强于高中学段（$\beta=-0.019$，$p=0.001$）。

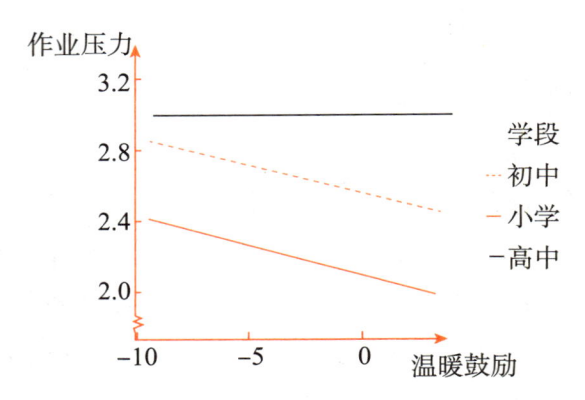

图 3-1　不同学段下温暖鼓励对作业压力的影响

表 3-2　温暖鼓励对作业压力的简单效应分析

学段	回归系数 β 值	t 值	显著性 p
小学	−0.086	−19.3	<0.001
初中	−0.086	−18.6	<0.001
高中	−0.019	−3.3	0.001

日常情境

在陪伴孩子成长的旅程中，有一些深刻的理念值得我们时刻铭记。

切勿仅仅用孩子的考试分数来片面地评价其学习态度。要知道，分数只是一个阶段性的数字呈现，它无法涵盖孩子在学习过程中的努力、面对困难时的坚韧以及对知识的渴望。孩子在某次考试中发挥不佳，并不意味着其学习态度有问题。他（她）或许正经历着成长的困惑，需要我们给予更多的理解和支持。

关注孩子的个体进步远比关注其排名更为重要。排名是相对的，且容易受到多种因素的影响。而孩子的每一点进步，无论是对一个难题的攻克，还是对一种学习方法的掌握，都是他们努力的见证。我们应该为孩子的每次小进步欢呼喝彩，让其感受到自己的成长被认可，从而激发他（她）持续前进的动力。

我们常常很容易知道别人家孩子的分数，却往往忽略了去了解别人家的家长在背后做了什么——别人家的家长可能在孩子遇到挫折时给予了温暖的鼓励，在孩子迷茫时给予了耐心的引导，在孩子取得进步时给予了适度的表扬。

他们或许注重培养孩子的学习习惯，或许为孩子创造了良好的学习环境，或许与孩子建立了平等而有效的沟通渠道……只有了解这些，我们才可以汲取其有益的经验，为自己孩子的成长助力。

在《全国家庭教育状况调查报告（2018）》中，来自112282个四年级学生和74785个初中二年级学生的调查数据显示，九成以上四年级、初中二年级学生认为"家长对自己的成绩有一定的要求"，96.2%（数据只保留一位小数）的四年级学生和95.8%的初中二年级学生认为"家长对自己的成绩期望至少是'班里中等'"，仅3.8%的四年级学生和4.2%的初中二年级学生认为"家长对自己成绩的期望是'考多少名都可以'"。很明显，班级前三名和前十名的位置是有限的，期望与现实的矛盾很容易引发一系列因为学习而产生的问题。

年级	考多少名都可以	班里中等	班里前十名	班里前三名
四年级	3.8%	20.5%	29.8%	45.9%
初中二年级	4.2%	28.9%	42.7%	24.2%

图3-2 孩子感受到的家长对自己成绩的期望

助力孩子健康成长，其核心目标是帮助孩子不断超越自我。而要实现这一目标，首先需要我们深入了解孩子的现状，了解其优势与不足，了解其兴趣爱好与梦想追求，了解其在学习和生活中所面临的挑战。只有这样，我们才能明确孩子努力的方向，为其量身定制适合的成长计划。我们要成为孩子成长道路上的引路人，陪伴其跨越障碍，见证其绽放属于自己的光彩。

一、如何让孩子爱上学习？

当下，很多孩子在学习面前表现得缺乏热情，甚至滋生了抵触情绪。究竟怎样才能开启那把让孩子倾心于学习的神秘钥匙呢？是凭借别出心裁的教学方法去点燃孩子内心的好奇之火，还是精心营造一个满溢学习氛围的环境，如春风化雨般滋养孩子的心灵，又或是给予孩子源源不断的鼓励与坚实的支持，为其学习之旅注入强大动力？

无论是线下讲座,还是个案咨询,我经常听到家长朋友围绕一个关键的问题在讨论。这个问题就是"孩子不爱学习,怎么办?"。

"我家孩子不爱学习,每次都需要催促写作业。"

"只要不提学习,什么都好,一提学习就废了。"

"孩子总说学习太累、太苦,不想学了。"

……

看到家长这么焦虑,我也在思考,孩子们是怎么想的?他们为什么学习?于是我借助一次线下讲座的机会,问他们"为什么学习?",他们的回答五花八门:

"这个年龄的小伙伴都上学,不上学干什么呢?"

"学习知识和本领,以后考大学,找好工作。"

"上大学才能有机会到大城市工作和生活,挣更多的钱。"

"希望通过学习,以后能做自己喜欢的事情。"

"上学可以了解更多的知识。"

……

家长常为孩子不爱学习而焦虑,孩子对学习的看法也各不相同。有的认为是随大流上学,有的认为是为了考大学、找工作,也有的希望做喜欢的事或了解更多知识……这反映出孩子与家长在学习认知上的差异,也促使我们思考如何更好地引导孩子爱上学习。

学习篇 03

有困难但不畏难——缓和家庭学习指导的焦虑

在一个教育资源丰富但竞争也格外激烈的城市里，家长普遍高度关注孩子的学习成绩。在青少年咨询时，大多数学生的心理问题是由学业困难造成的。他们大多是学习动机较弱，有明显的厌学情绪和逃学行为。

桑然所在的学校以高教学质量和严格的考核标准著称。桑然妈妈看到周围的孩子成绩都优异，而自己的孩子成绩不佳，内心焦虑不已，于是前来咨询。

我初次见到桑然妈妈时，她满脸愁容，在这位中年母亲脸上看不到一点儿幸福感。

"常老师，我家孩子很笨，学什么知识都很慢。我带她去医院检查，医生说她的智商没有问题，但是她各学科的成绩都很差。虽然报了各种辅导班，但她也没有什么进步。您说怎么办呢？"

我反问家长："孩子真的各个学科成绩都很差吗？"

桑然妈妈非常肯定地回答："真的，每个学科都不及格。"

我紧接着问道："您评价学科成绩差的标准是什么呢？"

她深叹了一口气，从她的语气中，我能感受到她对孩子很不认可："不及格，没有班级其他同学优秀……"

"您认为孩子在哪些方面没有其他同学优秀？影响孩子的因素又有哪些呢？"

"成绩不好，写作业比较慢，上课不主动发言。影响孩子优秀的因素是孩子不勤奋、不认真、不爱提问。"

"孩子写作业慢的标准是什么呢？您发现是孩子不会写，还是故意不写？"

"慢的标准是孩子一张卷子写两小时。我发现她有很多题目确实不会写。"

……

就这样，我一再听着桑然妈妈向我吐槽孩子的缺点，在她越说越感到内心无力时，我反问她："您希望孩子进步吗？"

"当然了。"

"那么从今天开始每天陪伴孩子时，至少发现孩子三个优点/进步点，可以吗？"

桑然妈妈没有思考就回应了我："好的，可以。"

沉默一分钟后，她又再次反问我："那如果孩子不改变怎么办？"

我微笑着再次跟她强调要做的事情："您坚持15天，每天打卡找孩子的优点，可以做到吗？"

这次桑然妈妈没有质疑，浅浅地说了句："好的。"

一段时间后，桑然妈妈又来找我，这个时候我发现她的脸上多了些笑容，眼神也变得有光了。她很开心地跟我说："我发现孩子的优点越来越多了，我感觉孩子有明显的进步，我们的关系也有所改善。当我静下来观察孩子的优点时，不仅能积极客观地看待孩子的表现，面对孩子的不足时，也能够关注孩子的感受，努力帮助孩子寻找解决困难的方法。"

要让孩子爱上学习，首先要让孩子在学习过程中获得成功的体验。

父母不仅要对孩子有积极的期望，更要有具体、合适的指导，为孩子创造多方面挑战自我、体验成功的机会，让他们通过个人努力或同伴协作，不断地体会提升自我的成就感，激发孩子的成就动机。成就动机就是个人对自己认为重要或有价值的工作，不但愿意去做，而且能力争达到完美的一种内在推动力量。

同时，要从孩子的优势学科开始，让孩子看到希望，建立学习自信，避免因为过度关注劣势学科而丧失信心。

有能力的家长，还可以帮助、引导孩子做学情分析，正确归因，制订阶段性计划，确立学习目标，并与孩子一起讨论落实计划的具体措施。

当孩子处于学习困境时，家长要更多地关注孩子的成长，只要发现孩子有一点点进步，就及时给予鼓励和表扬，**使孩子通过实现参照自我的目标来体验成功**，正确认识自己的能力，改变对学习无能为力的心理状态。

二、成绩起起伏伏的背后

孩子的成绩忽高忽低是由多方面原因导致的。①从学习习惯来看，孩子若未养成稳定的学习习惯，成绩好时，可能专注学习、认真完成作业和主动复习、预习；成绩差时，则可能出现写作业拖拉、不复习、注意力不集中等问题。②在心理状态方面，压力与焦虑会使孩子在成绩变好后过度担心下次无法保持，从而影响了学习状态，最终导致成绩下滑。③情绪波动容易受同学关系、家庭氛围等因素影响，情绪不好时，学习积极性和效率都会降低。④家长态度不稳定，孩子的成绩好时，过度表扬，成绩差时，严厉批评；家庭氛围时而和谐，时而紧张，都会影响孩子的情绪和学习状态。⑤学习方法问题也不容忽视，孩子可能未掌握科学的学习方法，成绩好或许只是某个阶段的学习内容适用当时的学习方法，一旦学习内容发生变化，则可能因学习方法不适用而导致成绩下降。

总之，家长应从多方面关注并引导孩子，帮助其养成稳定的学习习惯，保持良好的心理状态，调整好情绪，掌握科学的学习方法，还要营造适宜其学习的家庭环境。

在家庭教育中，下面这些原因具体又是怎样体现的呢？

如果考得好，手机还你；如果能够背两首古诗，允许看20分钟动画片；如果能够背三首古诗，允许看30分钟动画片……

如果考得不好，家长可能会采取一系列强硬措施：手机会被没收，原本可以享受的看动画片等娱乐活动也会被取消；同时，家长可能会增加额外的学习任务，比如要求孩子多做几套练习题、增加背诵课文的数量等。在这种情况下，孩子会感受到压力，可能会对学习产生抵触情绪，从而陷入一种恶性循环之中，使得下次考试时更加紧张和焦虑，进一步影响成绩。

这种因A奖B、因A罚B的做法，导致孩子的成绩忽高忽低——因为他（她）不是为自己学，而是为家长学。

每当给新初一、新初三、新高一、新高三年级做讲座时，我总会让家长和孩子对"学科喜欢程度""学科成绩高低"和"成绩稳定性"进行填写（见图3-3）。

学科喜欢程度（感受）

低　　　　　　　　　　　　　　　　　　　　高

1　　　　　　　　　　　　　　　　　　　　10

学科：语文、数学、英语、政治、历史、地理、物理、化学、生物

学科成绩高低（事实）

低　　　　　　　　　　　　　　　　　　　　高

1　　　　　　　　　　　　　　　　　　　　10

学科：语文、数学、英语、政治、历史、地理、物理、化学、生物

成绩稳定性（事实）（用画线的方式表示）

学科A：

学科B：

……

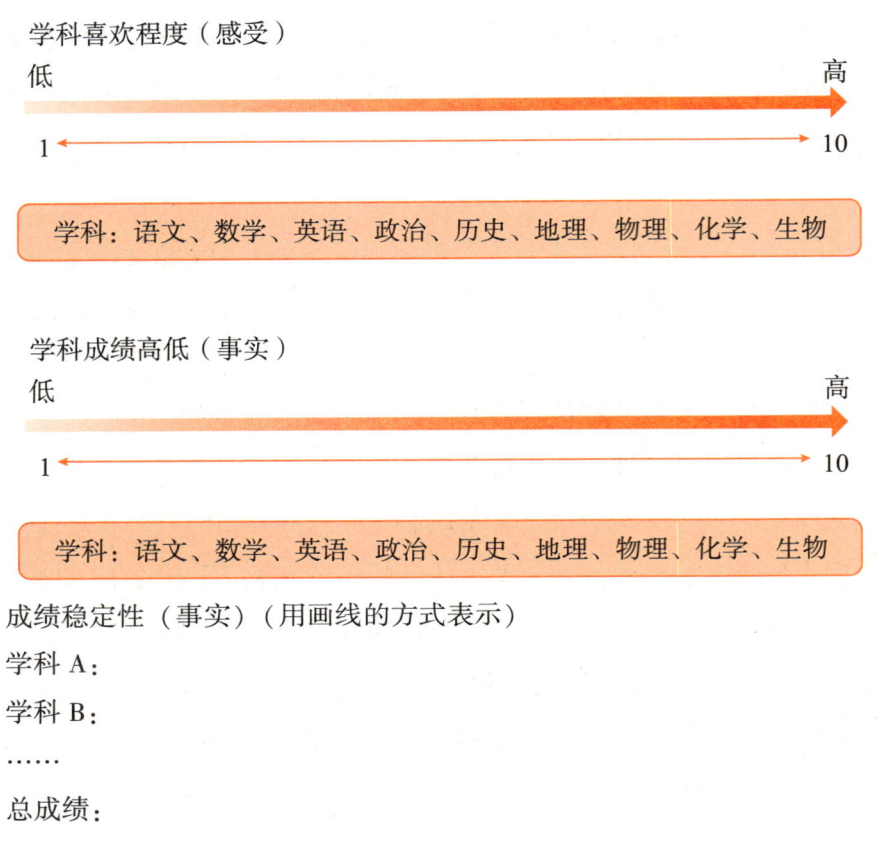

总成绩：

图3-3

有些孩子是总成绩稳定，学科成绩不稳定，只要有学科考得好，就有学科考得不好。这类"救火队员"式的孩子的表现，跟家庭教育也有关系。有的家长说："虽然你语文成绩提高了，但数学成绩下来了，接下来你得好好弄数学。"有的家长自豪地说："我一管他，成绩就上去了。一不管他，成绩就下来了。"其实好多孩子在家长不管时，成绩也有进步。

有些孩子是总成绩稳定，学科成绩稳定，优势学科出奇的好，薄弱学科出奇的不好，两极分化严重。这类孩子大多属于情绪型，爱憎分明，喜欢就喜欢，不喜欢就不喜欢。

还有一些所谓的超常发挥的孩子，优势学科相对稳定，薄弱学科稳步提

升，属于防守和进攻比较平均型。

这些现象的背后都有家庭教育的影子。

<mark>家长关注孩子的学习成绩时，需要综合评估孩子的学科学习情况，对孩子的劣势学科不要盲目地提要求或者建议，要区分孩子是"不能学""不会学"，还是"不想学"。</mark>

在北京交通大学附属中学的"1+3"工程实验班里，学生都是经过选拔而来的，在初三时就开始学习高中课程。我的孩子所在的实验班里有45个学生，在第一次摸底测时她告诉我，她要保住前45名，争取进入前40名。如果这是您的孩子定的目标，您能接受吗？

可能好多家长会说"能"。但您真的"能"吗？！

有一次，女儿回家和我说，他们班进行了40分钟的课时练，她发现同学们的打法不一样：有的同学觉得这40分钟太重要了，只刷不会的题；有的同学觉得最近自信心不是很强，一定要通过课时练增强自信，就只做会的题，让分提上来。

如果孩子期中考试考了第六名，那么期末考试的目标是多少名？有的家长想都没想就说："进前三。"有的家长说："我能接受的是至少保持住前六。"还有的家长说："最低不能出前十。"

请家长思考一个问题，每次考试，无论是小测还是大考，对孩子的真正意义是什么？

<mark>"优秀"的目的是在一个新的群体中找到一个属于自己的位置。</mark>在孩子的教育中，考试成绩与排名并不是校验孩子学习进步的唯一标准。当孩子到了一个新的群体，要学会找位置。特别对新高一的学生而言，第一次测试就是找位置——在新班级的起点。

而在孩子学习的过程中，我更关注的是孩子对错题的整理、分析和总结，以及对学习的态度。

如果家长和孩子有一个相对松弛的空间，孩子才能敢于去制定适合自身的**学科战略、进行学科调整**。

<mark>不要概括性地评价孩子的学习成绩，要把他（她）的学科分为优势学科、</mark>

中等学科和待优学科，再引领孩子具体到学科，分析出已熟练掌握的 A 类知识点、似懂非懂且易错的 B 类知识点、完全不懂且做题有畏难情绪的 C 类知识点。

如果只看分数，是不太能看出来孩子的真实学习水平的。好多孩子会出现阶段性小测分很高、大考分低的情况，为什么？因为在阶段性测试时，他们一直在忙着得基础分，而没有去攻克知识盲点和难点。也有些孩子，平时看着考试成绩不高，但是大考的成绩很不错。这些都是由他们的学习习惯决定的，也是与家长的影响密不可分的。

三、在厌学路上，家长做了什么？

在孩子的成长画卷中，厌学宛如一片挥之不去的阴霾，沉重地笼罩着他们的心灵天空。当我们痛心疾首地目睹孩子在厌学之路上越走越远时，一个深刻的问题如重锤般敲击着我们的心灵：家长在这一过程中究竟扮演了怎样的角色？是那些脱口而出的话语，如同一颗颗隐形的石子，不经意间铺设出了孩子走向厌学的崎岖道路，还是在教育的关键抉择中，由于一时疏忽，悄然埋下了厌学的危险种子？家庭教育，对孩子的学习态度乃至未来的发展轨迹起着举足轻重的作用，值得我们每位家长深刻反思与审视。

有一次，我在某小学做线下"开学第一课"的讲座，面对小学低年级的孩子，

我问了他们这样一个问题:"你们是从什么时候开始学习的?"

孩子们的回答非常可爱。

有的说:"我在妈妈肚子里就开始学习了,从那时候就开始学习怎么生存了。"

有的说:"我进入了一年级,就开始学习知识了。"

有的说:"我在小的时候,拿起画笔的时候,就开始学习了。"

……

孩子从小对外部都有探索求知的欲望,那为什么随着年龄的增长,有一部分孩子越来越不爱学习了呢?下面给大家讲一个真实的案例。

人民德育的家庭教育公开课正在改版,可以让家长志愿者跟主讲老师直接对话,做现场咨询,于是邀请我去做了一期节目。有位三年级孩子的妈妈非常焦虑,一上来就说:"孩子一、二年级时,我非常重视对他的良好学习习惯的培养,基本每天都会陪他写作业,就是为了预防三年级分水岭现象。"

于是我就问她:"你一、二年级陪他写作业的目标是什么?是为了一直陪下去,还是为了他对您的依赖越来越小?是让他越来越恐惧,还是让他越来越自信?如果是让他越来越自信,家长做的是向这个目标前进的事吗?"

她想了想说,原来她认为干得挺对,现在发现不是了,比如孩子一做错了,她就会说"哎,错了,又错了",总是"及时"打断他。

这个孩子的注意力还能好吗?自信心还能强吗?

自己原本以为正确的做法实际并非如此。这个案例凸显出家长在孩子学习过程中的陪伴方式需要反思和调整,要明确陪伴的目标不应是让孩子产生恐惧或依赖,而应是培养其自信,帮助孩子逐渐独立地面对学习。

我还咨询过一个小学一年级的小朋友。在学校课堂上,只要老师让做题,他就绝不动手。他妈妈很生气,觉得这孩子太内向了:在学校时不动手做题,回家在妈妈陪着时才做题。

后来我发现这是错误的亲子互动造成的问题:只要妈妈不确定他是对的,他就不敢写,生怕出错,因为家长给他描述的就是出错是一个极其糟糕的事情。

其实,当孩子进入小学时,很多家长也开始了焦虑。因为从0~6岁的宝宝，摇身一变成为要面临未来的"小升初""中考""高考"等各种"考"的学生，孩子身份的变化，也逐渐让家长的心态和目标发生了变化。

有一年，我去河南、山东等地做培训，经常开玩笑地讲，很多高考大省的爸爸妈妈在孩子幼儿园和小学阶段，只干了一件事——培养孩子的厌学情绪。因为孩子学的知识较浅，家长能辅导他（她），经常在家考核孩子，让他（她）背古诗，让他（她）去写字等。

家长们听完，"羞愧"地笑了笑。

每次讲座结束后，都会有家长在我身边围成一圈，问来问去，总结起来的核心问题就是"我的孩子不愿意学习了，怎么办"。

有位家长提问，家里很重视教育，孩子小学一、二年级时很爱阅读，但到了三、四年级就不爱阅读了。这是为什么？

这个问题一下触动了很多家长的心，似乎大家都有这样的困惑。

与小学低学段不同，到了中高学段，很多家长开始对孩子进行评价了。

比如当孩子看漫画书时，有的家长会说："你老看漫画书不行，你得看有大量文字的。"

然后是光看也不行，还得写。

孩子好不容易写了，家长又说，这逻辑不通啊，里边没有修饰语啊，没有细节啊……

通过家长的评价（控制和打压），孩子的表现欲很快就被破坏了。

家长在孩子不同阶段的教育方式会存在不同的问题，需要反思和调整，才能更好地激发孩子的学习兴趣和积极性。

2023年7月，我们举办了一次线下亲子训练营活动。

一个初二的孩子来到我办公室聊天，他告诉我他上初二以来的一个大进步，就是他发现：如果家长让孩子选A或B时，孩子千万别选，选哪个都是坑，都得挨收拾。

旁边一个高二的孩子应和道："你太晚熟了，我小学五年级就想明白了。比如家长问我：'你的奥数课还上不上？'我就不吭声，因为我知道如果我说上，家长说花了那么多钱，学得这个烂样，还要学。如果我说不学了，家长就会说我在逃避困难。所以当时我就坚决不选。最后的结果就是：他选上，咱就上，他不选上，咱就不上。他选了上，咱上了没效果，他得出结论是'不该给咱选'。他没上，咱没上，他得出结论是'当初不如坚持了'。总之，最后的锅是家长背。"

我觉得他们说得很有意思，就问："这都是从哪得来的结论啊？"

那个高二的孩子说："都是成长中的血泪史啊。如果家长让我干一件事，我坚决不干，那只犯了一个错——没干。但如果我干了，可能会犯五六个错：干得太快了；干得太敷衍了；干得太不认真了；干得态度有问题了……接着上升到你胸无大志，一堆错都出来了。"

孩子们的话，值得家长们反思。

在学习的漫漫长路中，有的孩子对于自己的薄弱学科竟然坚决不学，究其原因，是因为过多的评价如层层枷锁束缚住了孩子的心灵。他们不想被他人评头论足，不想去承担那些可能随之而来的负面后果。在他们的认知中，不干或许只犯一个错，那就是没有努力去攻克薄弱学科，但一旦去干了，可能会面临无数个错误的评判。于是，他们选择逃避，选择不干，因为这样至少可以避免陷入那无尽的评价漩涡之中。孩子的这种反应，实际上<u>是对过度评价的一种无声抗议</u>，也提醒着我们，在教育过程中，评价应适度，要给予孩子足够的空间并鼓励孩子去勇敢尝试，而不是让他们在评价的重压下失去了前进的动力。

四、勿让"潜在进步"成为孩子的烦恼

每个孩子都是独一无二的种子，其成长充满着无限可能。然而，在这片充满希望的田野上，却常常潜藏着一些被我们不经意间忽视的问题。其中，"潜在进步"这个本应是令人欣喜的成长信号，却在很多时候成为孩子的烦恼。

当我们聚焦于孩子的学习成绩、才艺表现等显性成果时，却容易忽略那些悄然发生的"潜在进步"。这些潜在的成长可能使孩子的内心世界产生一次次小小触动，可能使孩子在面对困难时多一些勇气，也可能使孩子在与人交往中多一丝理解。如果我们不能正确地认识和对待这些"潜在进步"，它很可能会演变成孩子成长道路上的阻碍，给其带来不必要的困扰和压力。

"我家孩子成绩又退步了,小学时一直名列前茅,上初中后名次后退很多,我说了很多次,孩子也没有改变。"

"我家孩子中考成绩很优秀,进了重点高中重点班,但高一第一学期的成绩一直不理想。他原来的一个初中同学,初中没有他学习好,现在跟他同班,几次考试都比他名次靠前。"

"我家孩子各个学科都很差,虽然报了一些补习班,但是没有太大改善。"

"我家孩子学习很刻苦,平时写作业也很认真,业余时间也不怎么玩儿,就是成绩不理想。"

"我家孩子很聪明,只要他想学就能学好,就是他平时不认真学……"

……

如何判断孩子学习成绩是否进步了呢?影响孩子学习成绩的因素有哪些呢?我们有没有关注孩子的客观表现呢?现在对孩子的了解是"真了解"还是"感性评价"?对孩子的帮助是"指手画脚"还是"有效支持"?

初一、初二时,小露的英语一直是薄弱学科,妈妈经常在家陪小露学习英语,督促她背单词和做英语习题。期中考试前,小露在一次英语测试中得了73分。期中考试结束后,小露告诉妈妈,感觉这次英语考得不错,一定能有进步。两天后,英语成绩出来了,考了69分,班级学科排名后退了2个名次。

小露妈妈看到成绩说:"明明是退步了,你怎么还自我感觉良好?"

小露委屈地说:"可我真的觉得这次做题时的熟悉度有提高啊?"

"平时背单词和做习题不认真,你看成绩退步了吧?"

……

妈妈做了很多负面评价，最后小露委屈地掉下了眼泪，想要辩驳，又觉得事实让她无法跟妈妈解释清楚是怎么回事。

"你考得不好,还掉眼泪，哭有什么用，早点儿努力学习不就没这事了吗？你这样的成绩，中考想上普高都难……"

一听到中考，小露的情绪就彻底崩溃了，号啕大哭，开始对自己有一些伤害行为，对着妈妈大喊："我受不了了，我也不知道怎么了，可能是我太笨了，妈妈，我需要找心理老师，我可能有病了……"

妈妈看到孩子情绪失控、有过激行为时，自己快速回归理性，停止了抱怨和唠叨，在安慰孩子无效后，经人介绍找到了我。

"小露，你最喜欢自己的优点有哪些？"

小露很认真地说："老师，我没有优点。"

"老师通过今天发生的事情，发现你有四个优点：第一，诚实，跟老师能够实话实说。第二，真实，伤心了就直接表达自己的感受，没有刻意掩盖自己的不开心。第三，懂得求助，在你自己控制不住情绪时，会向妈妈求助。第四，对未来充满希望，虽然不确定老师能否帮助到你，但是愿意来跟老师面对面沟通。"

小露眼角噙着泪水对我说："我真的认真学习英语了，并且期中考试时，我真的觉得比过去答得好，可事实是……"接着又伤心地掉下眼泪。

我安慰她说："你确实进步了，但是你和妈妈在成绩是否进步的判断上，方法比较单一，所以把'潜在进步'当作了退步，使这次考试差点儿成为**事故**。"

小露："我不明白……"

我解释说："首先，期中考试比单元小测知识更加综合，分数有波动是正常的。其次，从不懂——懂——会做——做对，每个阶段都需要一个过程。"

小露："我就是很多题4选2可以，可是2选1却不清晰。"

……

这个关于小露的故事深刻地反映出家庭教育中的一些关键问题。

初一、初二时，小露的英语成绩不佳，妈妈通过陪学、督促的方式希望小露能进步。当小露自我感觉有进步而实际成绩不尽如人意时,妈妈的负面评价给小露带来了很大的心理压力。

这一事件凸显出家长在看待孩子成绩时,往往过于注重表面的分数和排名,而忽略了孩子内心的感受和"潜在进步"。小露在考试中感到的"熟悉度提高",其实就是一种"潜在进步",表明她在学习过程中有了新的收获和成长。妈妈却只看到了分数的下降和排名的后退,没有给予小露应有的肯定和鼓励。

分数和名次只是判断孩子是否进步的参考依据。当家长对孩子的表现不满意时,要提醒自己如何把问题变成孩子的成长机遇。

当孩子的努力没有显性效果时,要关注孩子的"隐性进步"。

当小露情绪崩溃并出现过激行为时,妈妈才意识到问题的严重性。而我的引导则让小露看到了自己的优点,同时也让她认识到成绩进步的判断不应仅仅局限于分数和排名。期中考试知识更加综合,学习的每个阶段都需要一个过程,家长和孩子都应该有足够的耐心和信心等待花开。

在家庭教育中,家长应更加关注孩子的全面发展,要学会发现孩子的"潜在进步",给予他们积极的反馈和鼓励,让孩子在一个充满爱和支持的环境中成长。同时,家长也要引导孩子正确看待成绩的波动,培养他们的抗挫折能力和积极的心态。

五、家长要巧用"为什么"

当我们试图探寻孩子行为背后的原因时,常常会不自觉地抛出"为什么"这句话。然而,我们是否曾深思过,有时候"为什么"或许并不是打开孩子内心世界的最佳钥匙。某些时刻,简单的一个"为什么"可能会让他们陷入自我怀疑与困惑之中。因为孩子的世界并非总是能够用清晰的逻辑和理性的思考来解释,他们的情感、直觉和独特的认知方式,可能无法在"为什么"的追问下得到恰当的表达。

决呢?"一开始小芙也不知道该怎么办，但是在妈妈的引导下，开始冷静地思考。妈妈会提出一些问题，比如"如果你是你的好朋友,会希望你怎么做呢?""有没有什么办法可以让你俩都开心呢?"慢慢地，小芙想到了一些解决方法，决定第二天去学校找好朋友谈一谈，把自己的想法和感受告诉她。妈妈笑着说:"宝贝真棒，你已经找到了解决问题的办法了。"在妈妈的陪伴和引导下，小芙不仅平复了心情，还学会了如何面对和解决困难。

智慧的家长在孩子不开心或者遇到困难时，总能关注到孩子的情绪，通过交流，可以让孩子静下来并想到解决方法。这是一种能力，更是大智慧！

当孩子的内心世界泛起波澜，无论是喜悦的涟漪，还是忧伤的浪潮，我们都应敏锐地捕捉到这些变化，通过耐心的询问，为孩子搭建一座表达自我的桥梁，让他们能够毫无顾忌地倾诉自己的想法和感受。在这个过程中，**我们要坚决做到不评价、不否定，以一颗包容的心去接纳孩子的一切。因为每个孩子都是独一无二的个体，他们的想法和感受都值得我们尊重**。

耐心陪伴，不仅仅是身体上的同在，更是心灵上的相守。当孩子勇敢地袒露自己的内心时，我们的默默陪伴给予他们安全感和归属感。不要急于给出建议或评判，而要给予孩子足够的时间和空间去探索自己的情绪根源。这种陪伴，是对孩子成长的尊重，也是对他们独立思考能力的培养，让孩子在被理解的氛围中，学会正视自己的情绪，分析问题的本质，从而逐渐成长为有思想、有情感、有担当的人。

3. 追问型

"哇,你太棒了，你是怎么做到的?"

"你做数独游戏的速度比我快好多,为什么你能够做到既快又准，快告诉我秘诀。"

"我刚才尝试了很多次都失败了,你是怎么做到的?"

……

这种追问方式旨在激发孩子的思考，让他们回顾自己成功的过程，同时也给予了孩子充分的肯定和鼓励。通过追问，家长可以引导孩子总结经验，发现自己的优势，从而增强孩子的自信心和成就感。在使用追问方式时，家长也需要注意适度原则，避免给孩子带来过多的压力，让孩子在轻松愉快的氛围中分享自己的成功经验。

有一次，玺城参加学校的绘画比赛，信心满满地交上了自己的作品，满心期待能获得好成绩。可是结果公布后，他却没有获奖，心情特别低落。回到家后，玺城沮丧地把这件事告诉了妈妈。

妈妈看着玺城，没有立刻安慰他，而是微笑着说："妈妈知道你为这次比赛付出了很多努力。那你能和妈妈说说，你觉得自己这幅画哪个地方画得最好呢？"玺城想了想，指出了画面中最满意的部分。妈妈点点头说："真的很不错呢。那你觉得这次没有获奖，会不会有一些积极的意义呢？"玺城疑惑地看着妈妈。

妈妈接着说："这次比赛让你看到了其他同学很优秀的作品，对不对？那你是不是可以从他们的作品中学习到一些新的绘画技巧和创意呢？而且，这次失败也能让你更加清楚自己还有哪些地方需要提高，通过努力学习，下次比赛时，你就可以画得更好啦。"玺城听着妈妈的话，开始认真思考起来。

在妈妈的引导下，玺城不再沉浸在失败的沮丧中，而是看到了这次失败带来的积极意义，也更加有动力去继续努力提升自己的绘画水平。

当我们以真诚的态度和好奇的语气追问孩子的成功经验或失败教训时，实际上是在为孩子打开一扇通往深度思考的大门。孩子会在我们的追问下，回顾历程，剖析每个关键的决策和行动。在这个过程中，他们不仅仅是在回忆，更是在对自己的思维方式、行为模式进行一次深刻的审视。通过这种深入思考，能够更加清晰地认识到自己的优势、潜力以及不足，从而为未来的成长积累宝贵的经验。

六、当考试成绩出来后……

考试之后，家长与孩子的关注点往往不约而同地聚焦于考试成绩，渴盼考出所谓的"好"分数。诚然，家长朋友们对于"好"的阐释标准不一，孩子们对"好"的理解亦存在差异。期末考试，对于非毕业年级的学生而言，本质上仅是一场效果考试，旨在检验阶段性的学习成果与知识掌握程度。然而，家长对孩子成绩的看法千差万别，当孩子的考试成绩揭晓之际，家长的表现也各有不同。

　　这一现象反映出教育观念的多元性以及对孩子成长评价标准的复杂性。家长对成绩的不同认知，不仅影响着自身的情绪与行为反应，更在潜移默化中塑造着孩子对学习、对自我的认知。成绩，不应成为衡量孩子价值的唯一标尺，而应被视为一个反馈学习过程的指标。每个孩子都是独特的个体，拥有不同的学习节奏、优势与潜力。我们应当以更加理性、全面的视角看待孩子的成长，关注他们在学习过程中的付出、进步以及综合素质的提升。

1. 孩子不满意，家长也不满意。

　　言言的七科成绩得了七个 A。她看了自己的成绩分析报告，发现自己有五科不是年级最高分，尤其是自己最擅长的英语学科没有拿到满分，很是沮丧。

　　言言妈妈看着成绩分析报告，语重心长地对言言说："我早就提醒你，你不努力不代表别人不努力，越往高处，竞争越激烈，现在中考竞争压力这么大，你这样下去即使上了重点高中，也不具有绝对优势……"

　　"我已经很努力了，我也不知道怎么回事，没有考好。"

　　"你竟然到现在还不知道自己的问题出在了哪里？"

　　……

　　"可不可以不说了，我很烦……"

　　孩子在追求完美的过程中，一旦未能达到自己的预期，便会陷入沮丧，而家长未能关注到孩子的努力和情绪，只强调竞争压力和未来的不确定性，就会

进一步加重孩子的心理负担。这种以成绩为单一导向的教育方式容易让孩子失去学习的乐趣和动力，也可能破坏亲子关系。

2. 孩子不满意，家长不要求。

鑫鑫妈妈对鑫鑫的成绩没有要求。鑫鑫的七科成绩得了五个 E、两个 D。鑫鑫很是绝望，觉得自己这学期上课认真听讲，尽力按时完成每个学科的作业，结果各科成绩与期中考试相比并没有明显的进步。

鑫鑫妈妈淡淡地对他说："我对你没有太高要求，只希望你不要垫底就好。"

"我太笨了，我可能真的不适合上学。"

"知道自己笨，还不努力？"

"您怎么知道我没有努力，我真的是很认真听讲了。"

"就这成绩，还有脸说自己学习认真……"

"您可以问老师啊！"

"就这成绩，老师不找我告状就已经很好了，我还主动去找老师？你觉得你的成绩去找老师是很有面子的事情吗？"

……

家长一方面声称对孩子成绩没有过高要求，另一方面又在言语中流露出对孩子成绩的不满和轻视。这种矛盾的态度会让孩子感到困惑和受伤，打击了孩子的自信心和学习积极性。同时，家长没有选择与老师沟通并了解孩子的真实情况，而是仅凭成绩对孩子进行否定，这不利于孩子的成长和发展。在教育过程中，家长应该给予孩子更多的理解、鼓励和支持，与孩子建立良好的沟通渠道，共同面对学习中的困难，而不是一味地指责或贬低孩子。

3. 孩子满意，家长不满意。

期末考试成绩出来以后，小方发现大部分学科都有进步，尤其是自己的薄弱学科数学考了个 A，很是开心。

小方爸爸问："成绩出来了，你考得怎么样啊？"

"挺好的，我数学考了个 A。"

"其他科怎么样啊？"

"整体都有进步，数学进步最明显。"

"数学有进步也不能骄傲啊，你的其他科成绩给我看一下。"

父亲看完成绩，深思了一会儿，说了一句："虽然有进步，但是以你现在的成绩，考重点高中有困难。"

……

家长对孩子期望高固然可以理解，但在孩子取得进步时，首先应给予充分鼓励和赞扬，增强孩子的自信心和成就感。过于强调未来的目标和困难，可能会让孩子感到压力巨大，甚至对自己的努力产生怀疑。

家长需要在肯定孩子进步的同时，合理引导孩子确立更高的目标，以更加积极的方式激励孩子不断前进，而不是仅仅聚焦于尚未实现的目标而忽视了孩子当下的努力和成就。

4. 孩子不满意，家长满意。

期末考试成绩出来以后，硕硕发现自己课余时间全力以赴强化训练的数学、语文的成绩没有提升，优势科目反而有所下降，很是失望。

硕硕妈妈观察到孩子的情绪变化，耐心地询问道："期末成绩出来了，感觉你不是很开心呢。"

硕硕失落地低着头，跟妈妈说："我没有考好。"

"愿意跟妈妈一起聊聊吗？"

"努力弥补的科目没有进步，优势的科目却下滑了，早知道这样，我还不如不在数学、语文学科上浪费时间。"

"你最近确实花费在数学、语文上的时间比原来多了好多，你觉得数学、语文学科真的没有什么改变吗？"

"也不能说一点儿改变没有吧，最起码平时作业正确率提升了，考试时我自己感觉比原来考试时有把握一些，但是分数真的没有变化。"

"哦，那你找到原因了吗？"

"数学有几道解答题的步骤不完整，被扣分。语文阅读题的概括总结部分，因为书写得不全面而被扣分……"

"分析得很棒，接下来我想听听你的解决办法。"

"我想优势科目还需要一定时间来学习，不能放松。数学、语文其实还是有进步的，接下来我要……"

家长在孩子遇到挫折时，没有批评指责，而是用耐心和理解来引导孩子分析问题，帮助孩子看到自己的进步和不足，激发孩子寻找解决办法的动力。这种教育方式有助于培养孩子的自我认知能力和解决问题能力，让孩子在面对困难时，能够更加理性地思考和积极地应对，能为孩子的成长和发展奠定良好的基础。

5. 孩子满意，家长也满意。

东东小学时因为作业不能按时完成、上课听讲不认真等问题经常被叫家长，东东爸妈曾经一听到老师的电话、看到老师的信息就紧张。初一开学一个月以后，东东又像小学时一样，他的家长经常因为东东没有按时交作业、迟到等问题而被老师约谈。

期中考试以后，老师约谈东东妈妈："东东的成绩年级倒数第一，严重影响了班级平均分，我们老师会在学校利用课余时间给他补习功课，每天也会单独给他留一些适合的练习题，希望您能督促孩子完成。我们一起努力帮助孩子实现全部科目及格。"

之后一段时间内，班主任老师几乎每天都会微信提醒东东妈妈督促东东完成作业，东东妈妈也不得不下决心陪伴孩子学习，还想方设法调动东东学习的积极性，答应东东只要期末考试全部及格，就给他买一部新手机；暑假期间，只要东东完成老师布置的作业，其他时间可以自由安排。

期末考试成绩出来了，东东不仅实现了全科及格，还有一科达到了良好。东东要求妈妈兑现承诺，东东妈妈也觉得终于可以解放了，至少放假期间不用再担心老师发督促作业的信息。

有调查数据表明，高达80%的学生对自己在考试中真正存在的问题处于懵懂状态，而令人深思的是，85%的老师和家长也没有对这些问题的原因进行追根溯源。

效果考试，其本质在于检验孩子的学科学习水平。然而，无论是从家长的视角、老师的立场，还是孩子自身的角度来看，考试的真正意义绝非仅仅局限于一个分数的呈现，而是为了能够更好地以此为依据制订随后的教学方案或学习方略。考试，应被视为一面镜子，映照出孩子知识掌握的薄弱环节和学习方法的不足之处；应被当作一座灯塔，为家长和老师指明引导孩子成长的方向，为孩子照亮前行的学习之路。只有深刻认识到考试的真正意义，我们才能在教育的征程中有的放矢,助力孩子不断进步与成长。

七、"差生"逆袭为什么难?

"差生"逆袭始终是一个备受关注却又充满挑战的议题。当我们提及"差生"这个概念时,往往会联想到那些在学业上表现不佳、成绩落后的孩子。他们或许在分数的角逐中屡屡受挫,或许在学习的道路上举步维艰。然而,为何"差生"逆袭如此之难?是因为长久以来被贴上的标签如同沉重的枷锁一般束缚了他们前进的脚步,还是因为在教育的大环境中,对他们缺乏足够的理解、支持与正确的引导?当我们深入思考这个问题时,会发现"差生"逆袭艰难的背后,隐藏着诸多复杂的因素。这些因素不仅与孩子自身的努力与决心有关,更与家庭、学校以及社会的教育理念、方式和环境紧密相连。

■ "差生"家长的苦恼。

"老师,我们家孩子各方面表现都很差,在学校学习成绩不理想,上课打瞌睡,在家不整理自己的内务,学习不积极。"

"老师,我们家孩子从上初中以来就让我很抓狂,我和他爸都是单位里的佼佼者,一提起孩子,我们都觉得很是羞愧。"

"老师,为了孩子的学习,我辞去工作在家辅导他,但是效果并不理想。"

……

■ "差生"的委屈。

"老师，我想好好学，可是我上课真的听不懂。"

"老师，我也想回家认真写作业，可是我真的不会做。"

"老师，我也想考高分，我真的努力学了，但是太难了。我最讨厌的就是只要我考得不好，就会被批评没有努力学习。"

"老师，我好像什么也做不好，无论做什么都是错的。"

……

每个"差生"都曾经无数次拥有不服输的勇气；每个"差生"都曾经无数次幻想逆袭成功；每个"差生"都曾经无数次渴望得到有效的指导。

那么，究竟是什么阻碍了"差生"的逆袭之路？我们又该如何为他们创造条件，助力他们实现华丽的转身呢？

1. 弱点被过度关注，进步点却被忽视。

孩子虽然学习有进步，但成绩还是倒数；孩子虽然参加活动很积极，但是课堂纪律太差；孩子虽然很有礼貌，有责任心，但是学习成绩不理想……

家长和老师应建立全面的评价观，不仅关注孩子的学业成绩，更要看到他们在品德、社交、兴趣爱好等方面的表现。可以为孩子制作个性化的成长记录，详细记录他们的每个进步点，无论是学习上的小突破，还是生活中的良好行为，都要了然于心。要定期与孩子一起回顾这些进步，让他们感受到自己的努力被认可。同时，在指出孩子弱点时，要以鼓励的方式提出改进建议，而不是一味批评。比如，如果孩子成绩虽仍为倒数，但在某一学科的某个知识点上有了进步，就要表扬他们的努力，并鼓励他们继续在这个方向上前进。对于孩子积极参加活动的行为，要给予充分肯定和支持，培养他们的自信心和团队合作能力。

2. 表现不理想，被归因于个人态度。

家长说过很多遍，孩子依然不认真完成作业，不听话，不尊重家长，学习成绩一直倒数，学习不努力……

在面对孩子表现不理想的情况下，家长和老师首先要保持冷静，避免急于指责。可以与孩子进行深入沟通，了解他们在学习和生活中遇到的具体困难。通过观察和交流，分析问题产生的真正原因。如果是学习方法的问题，可以帮助孩子寻找适合自己的学习方法，如制订学习计划、采用不同的记忆技巧等；如果是学习环境的问题，可以尝试为孩子创造一个更加安静、有序的学习空间。同时，要给予孩子足够的信任和鼓励，让他们感受到自己的努力是被看到和认可的，而不是一味地被批评为不努力或不听话。

3. 想要获得爱和包容，得到的却是挑剔。

上周因为孩子没有完成作业，我被老师打电话了，这周孩子又出现了不交作业的情况。下班回到家，我又看到孩子在玩儿游戏……

家长要调整自己的心态，认识到每个孩子都有自己的成长节奏和特点，不能以单一的标准来衡量孩子的价值。给予孩子无条件的爱和包容，让他们知道无论成绩如何，他们都是被爱着的。当孩子出现问题时，要以平和的心态与他们沟通，共同寻找解决问题的方法，而不是一味地挑剔和指责。比如，当孩子出现不交作业或玩游戏的情况时，可以先了解他们这样做的原因，是作业难度太大，还是因为学习压力过大而需要放松。然后根据具体情况，与孩子一起制订合理的学习和娱乐计划，帮助他们养成良好的学习习惯，提高自我管理的能力。

4. 希望被帮助，却处处被否定。

"这题这么简单，你怎么不会做，你上课一定是没认真听！""期中考试成绩这么差，以后想上高中怕是困难了……"

家长和老师要转变教育方式，当孩子遇到困难时，要给予他们积极的支持和帮助。对于孩子不会做的题目，不要简单地批评他们不认真听讲，而要耐心地为他们讲解解题思路和方法。可以鼓励孩子多提问，培养他们的求知欲和探索精神。当孩子成绩不理想时，不要一味地否定他们的未来，而是与他们一起分析原因，制订并改进学习计划。同时，要为孩子提供适当的学习资源和辅导，帮助他们克服学习上的困难。可以组织学习小组，让孩子们互相帮助，共同进步。

■ "差生"与"潜能生"哪个更准确？

学习成绩差（学习成绩还有提升空间）、不遵守纪律（规则意识有待加强）、犯过严重错误（孩子需要了解法律知识和做事后果的严重性），给老师在班级教学管理制造困扰和麻烦或让家长感觉苦恼（帮助孩子的契机）的孩子都可归为所谓的"差生"。

孩子犯了错，家长在批评孩子时，一定要给孩子留有希望。当孩子处于困境时，请不要全盘否定他们，要擦亮眼睛关注他们的进步点。我们只有相信"差生"即"潜能生"，"潜能生"就是"待优生"，才能给予孩子更多的爱和支持。

八、孩子的"优势"与"劣势"

孩子的"优势"与"劣势"犹如起伏的波浪，时刻影响着孩子的成长轨迹。每个孩子身上既有熠熠生辉的优势，也存在着需要改进的劣势。如何正确认识、对待并引导孩子的优势与劣势，正是摆在家长面前的重大课题。当我们聚焦于孩子的优势时，那可能是他们内心的一团火焰，点燃着自信与激情，推动着他们勇敢前行。而当我们审视孩子的劣势时，那或许是一片迷雾，容易让孩子陷入困惑与挫折。

有的家长只关注孩子的"优势"，忽视其"劣势"；
有的家长只关注孩子的"劣势"，忽视其"优势"；
有的家长优先关注孩子的"劣势"，再关注其"优势"；
有的家长优先关注孩子的"优势"，再关注其"劣势"。

那么，在家庭教育中，我们究竟该如何平衡孩子的优势与劣势，让他们在成长的道路上绽放出最绚烂的光彩呢？

1. 只关注孩子的"优势"，忽视其"劣势"型

初三年级的多多的妈妈讲起孩子的小学生活时，有着满满的自豪感："孩子从小讨人喜欢，非常聪明。父亲在家经常玩电脑游戏，多多有时候会在边上观看，三岁时竟然能玩大人都看不懂的外文小游戏！他从小喜欢看动画片，接受能力特别强，能给家长描述动画片的内容。他在小学阶段不喜欢写作业，上课注意力也不集中，小动作多，但是每次考试成绩都很好。"

家长观点：只要成绩好，其他都不重要（成绩好＝一切都好）。

多多妈妈谈起孩子中学生活时，充满了遗憾："进入中学后，孩子却依然像小学一样不写作业。初中老师要求比较严格，多次批评孩子，这引起了孩子的反感。尽管这样，他初一的学习成绩仍排在班里的中上游。"

家长观点：不是我家孩子的问题，是老师不够包容。

多多妈妈现在很无奈："进入初二后，孩子的成绩迅速下滑，开始上学迟到，后来演变为旷课……我家孩子真的很聪明，只要想学就能学好，现在是孩子不愿意配合老师……"

家长观点：不是孩子学不会，是孩子不想学。

这种教育方式反映出部分家长在家庭教育中的误区：只看到孩子的闪光点而忽略其不足，未能及时引导孩子纠正不良的行为习惯，最终可能导致孩子在成长过程中出现更大的问题。**家长应认识到孩子的优势和劣势都是其成长的一部分，不能片面地以成绩作为衡量孩子的唯一标准，要关注孩子的全面发展，及时发现并帮助孩子克服劣势，才能更好地促进孩子的健康成长。**

2. 只关注孩子的"劣势"、忽视其"优势"型

笑笑回顾幼儿时听妈妈讲故事的幸福："老师，我小时候妈妈每天都会给我讲睡前故事，那时候的妈妈是温柔的，我是幸福的……"

笑笑回顾小学一、二年级妈妈给买课外书之后的苦恼："幸福的生活结束得有点儿早，上了小学之后妈妈开始要求我自己读故事书。读得快了，妈妈说我不认真；读得慢了，就说我磨蹭。"

笑笑谈起现在的痛苦："从三年级开始阅读痛苦升级，妈妈开始要求我写读后感，无论我怎么写，在妈妈那里都是写得不够深刻……看书本来是一件幸福

的事情，可是我现在很不喜欢，一看到课外书，甚至会有种说不出的恐惧和烦躁。在妈妈那里，只要阅读就要有可视化的收获……"

这种教育方式只看到孩子在阅读过程中可能存在的不足，如阅读速度问题、读后感的深度不够等，却完全忽视了孩子在阅读中的积极方面，如孩子对故事的理解能力、阅读习惯的养成以及阅读带来的知识积累等优势。妈妈过度关注劣势的做法，使阅读从一件幸福的事情变成了笑笑的痛苦来源，极大地影响了孩子的学习兴趣和积极性，不利于孩子成绩的提升。**家长应调整教育方式，在指出孩子不足的同时，也要充分肯定孩子的优势，激发孩子的学习动力和自信心。**

3. 优先关注孩子的"劣势"，再关注其"优势"型

小罗妈妈在谈起小罗高一的学习时，说："孩子在升入高中之前学习一直很优秀，虽然英语一直是他的薄弱学科，至少能达到班级平均分。上了高中以后，孩子英语学科的弱势更明显，竟然低于年级平均分。我开始安排孩子在业余时间主要学习英语，结果高一期末考试时虽然英语有点儿进步，但是除了数学、物理还保持优秀之外，其他学科的班级排名都后退了，总成绩排名也后退了几个名次……"

小罗妈妈在谈起孩子高二学习时更焦虑了，她说："现在我的困惑是孩子英语进步不明显，还需要继续补习；其他学科后退了，也需要补习，时间不够用怎么办？"

这种教育方式虽然出发点是希望提升孩子的弱势学科，但在实施过程中，因过度关注劣势学科而忽略了对优势学科的巩固和保持，导致整体学习出现不平衡的状况。**家长应更全面地考虑孩子的学习情况，在提升其劣势学科的同时，帮助其合理分配时间和精力，要确保其优势学科不被忽视。**

4. 优先关注孩子的"优势"，再关注其"劣势"型

小杜同学分享高考"超常发挥"的经验："我一直以来都不算是聪明的学生，除了高考之外，过去的考试中我得第一的次数不多，我觉得我一直都在超越自我的路上前行。这一点应该感谢我的父母，他们好像总是能够发现我的进步点，即使我偶尔成绩不理想，他们也能够带着我一起发现'失败'带来的收获。"

这种教育方式给予了小杜积极的心理暗示，增强了他的自信心和学习动力。在面对劣势时，也能以更加平和的心态去分析和改进，为小杜的高考"超常发挥"奠定了良好的心理基础。**这种教育模式注重培养孩子的积极心态和自我认知能力，有助于孩子在成长过程中充分发挥自身优势，逐步克服劣势，最终实现飞跃。**

传统的木桶理论曾长期影响着我们对事物发展的认知。它告诉我们，木桶最短的木板决定着它的盛水量。然而，新木桶理论以科学为依据，为我们打开了新的视角。它向我们证明，只要长板足够长，将木桶倾斜下来，所能装的水量甚至会更多。这一理论的转变对养育孩子方面有着深刻的启示。

养育孩子，绝不仅仅是一种简单的责任履行，更是一门需要深入钻研的艺术。父母必须深入了解孩子的身心发展规律，如同探索一片神秘而充满希望的未知领域，只有这样，才能真正洞察孩子的优势与潜能，如同发现隐藏在宝藏中的璀璨明珠。善于发现和欣赏孩子的优点，并非一种盲目的夸赞，而是用心去感受孩子独特的光芒。每个孩子都是独一无二的个体，他们的优点可能如星星般散落在生活的各个角落，等待着父母用爱与耐心去发现。

当我们结合孩子的优势，与孩子一起寻找挑战劣势的方法时，便为孩子搭建起了一座连接成长与进步的桥梁。在这个过程中，帮助孩子建立自信心成为至关重要的一环。自信心如同孩子内心的一把火炬，照亮他们前行的道路。当孩子拥有自信时，他们敢于面对困难，勇于挑战自我，不再畏惧劣势带来的阻碍。他们会以坚定的步伐走在不断超越自己的路上，每次超越都是一次成长的飞跃。

我们不应被传统的木桶理论束缚，而应积极拥抱新木桶理论的智慧，充分发挥孩子的优势，以优势带动劣势，让孩子在成长的道路上绽放出属于自己的光彩，书写出属于自己的精彩篇章。

九、合理规划孩子的计划和目标

"凡事预则立，不预则废。"这句古老的箴言在时光的长河中始终闪耀着智慧的光芒。我们深知计划的重要性，当我们让孩子做计划时，怀揣着的是对他们自我管理能力的殷切期望。然而，这一过程绝非一蹴而就，孩子必须历经"做计划——执行计划——出现偏差——修订计划——执行计划……"这样一个循环往复的历程。这就如同孩子作为勇敢的舵手，驾驶着轮船在未知的海洋中航行，计划是指引他们前行的罗盘。在这个充满挑战与机遇的旅程中，每个环节都至关重要，每次经历都是对成长的磨砺。

经常听到家长抱怨：

"我们孩子写计划时头头是道，执行起来却有头无尾。"

"我们孩子写计划时许下豪言壮语，执行时却停滞不前。"

"我们孩子写的计划详细到了每一分钟，可是执行时总有借口拖延。"

……

为什么我们家长和孩子一起制订计划，却在执行过程中困难重重，甚至有时候会引起家长对孩子的不满和孩子的叛逆？

1. 制订的计划违背了孩子的意愿。

在孩子的暑假生活规划中，常常存在这样一个误区：家长精心为孩子制订的计划，很多时候并非出于孩子的真实意愿。这些计划往往被安排得满满当当，没有预留出孩子自由支配的时间。家长仅仅将计划当作考核孩子暑假生活是否充实、是否有价值的手段。

小雅妈妈与小雅在讨论制订暑假计划时，母女俩发生了分歧。

小雅对妈妈说:"我想回爷爷奶奶家过暑假。"

小雅妈妈不假思索地说道:"不行,你在爷爷奶奶家住,没有人督促你学习怎么办?"

"我们老师布置的作业有日期安排,我每天把作业按照时间分配完成,可以吗?"

"不行,老师布置的作业比较简单,你马上要上初三了,要开始做升学备考准备了。"

"我如果每天按着您的要求做,可不可以去爷爷奶奶家学习?"

"那你得按我布置的任务完成,每天拍照发给我,不然我就取消你去爷爷奶奶家过暑假的安排。"

"好的,我答应您。"

暑假第一周结束,小雅妈妈的烦恼来了,小雅除了前三天按时完成了计划任务,从第四天开始便以陪爷爷奶奶外出、家中来了客人等理由,无法执行暑期计划,说多了又担心爷爷奶奶不开心……

家长要充分尊重孩子的意愿,与孩子共同制订合理的暑假计划。在制订计划之前,可以先与孩子深入沟通,了解他们的兴趣爱好、梦想和期望,根据孩子的需求和特点,合理安排学习、娱乐和休息的时间。在计划中,一定要预留出足够的自由时间,让孩子能够自由探索、玩耍和放松。这样的计划既能满足孩子的成长需求,又能让他们感受到被尊重和被关爱,从而激发他们的内在动力,积极主动地执行计划。同时,家长也要转变观念,不要将计划仅仅作为考核孩子的工具,而是要把它看作是帮助孩子成长和发展的指南。在孩子执行计划的过程中,家长要给予他们足够的支持和鼓励,及时发现问题并与孩子一起解决,让孩子在轻松愉快的氛围中度过一个充实而有意义的暑假。

2. 制订计划时,忽视了孩子的能力。

有些家长盲目借用别人分享的经验,看到别人家的孩子因采用某种学习方法而取得了成功,便迫不及待地将其套用在自己孩子身上,完全忽视了孩子的真实学习情况。每个孩子都是独特的个体,有着不同的学习风格、能力水平和兴趣爱好。这种不考虑孩子实际情况的做法,往往会让孩子感到困惑和不适应,甚至会对学习产生抵触情绪。

新高三学生威立独自制订了暑假学习和生活的计划,拿给妈妈看。

威立妈妈:"你把复习时间安排太长了,而写数学、语文、英语作业的时间,每天每科只有一小时,这怎么可以呢?我觉得你可以提前开始做一些高考模拟题和真题。"

威立:"我们虽然课本知识已经讲完了,但是还没开始第一轮复习,我们老师布置的作业都是章节训练,您为啥要求我做模拟题和真题呢?"

威立妈妈:"我已经咨询过了,我们单位几位同事的孩子高考成绩非常优异,他们说暑假就开始做各区的模拟练习试题和往年高考真题了……"

"我不是他们,我的成绩只是中等,我觉得我需要在假期把基础知识梳理清楚,稳步提升。"

"知识已经学完了,你应该花时间多做试卷。"

"我连基础知识都还没完全掌握,怎么做综合试卷?"

"你就是懒,你所谓的复习知识就是不动脑子地看看书、抄写一些定义。通过做试卷可检测出哪里不会,再去梳理知识,这样学习效率更高。"

对于盲目借用他人经验的问题,家长首先要认识到孩子的独特性,要保持理性和审慎的态度,不能生搬硬套。家长可以先观察孩子的学习特点和需求,与孩子一起探讨适合他们的学习方法。同时,要鼓励孩子积极尝试不同的学习方式,找到最适合自己的方法。家长还可以多与孩子的老师沟通,了解孩子在学校的学习情况,结合老师的建议和孩子的实际情况来制订科学的学习计划。

3. 制订计划时,忽视了孩子的个人需求。

家长费尽心力培养了孩子一个特长,然而,在后续的教育过程中,却因为对孩子其他方面的种种要求而限制孩子继续投入到这个特长之中。

果冻妈妈:"你每天安排自己练习弹琴的时间是两小时,但是户外运动的时间只有半小时,妈妈对你假期学习没有太多要求,只要你落实老师的作业安排就可以,但是暑假期间你必须加强身体锻炼,尤其要重视体育考试项目。你钢琴考级已经结束了,未来又不想走艺术专业,没有必要花费这么多精力练琴了。"

果冻:"您让我学习钢琴是为了考级,但我练习钢琴是因为我喜欢。"

果冻妈妈:"那你把体育锻炼的时间调整过来,我可以答应你弹琴,每天弹琴时间不能超过一小时。"

家长应该树立全面发展的教育观念，认识到孩子的成长不仅仅局限于学业成绩，特长的培养同样重要。在孩子的成长过程中，要努力平衡学业和特长的发展，而不是将两者对立起来。家长可以与孩子一起确立合理的时间安排，确保孩子在不影响学业的前提下，有足够的时间投入到特长学习中。

同时，家长也要尊重孩子的兴趣和选择。如果孩子对某个特长充满热情，并且在这个领域有一定的天赋和潜力，家长应该给予支持和鼓励。不要因为一时的学业压力或其他因素而轻易放弃孩子的特长。可以与孩子的老师、教练等专业人士沟通，了解如何更好地协调学业和特长的发展，为孩子提供更科学的指导。

4. 在计划的执行过程中，家长做判官。

当孩子没有按时完成计划时，家长往往会把制订的计划当作要求孩子的证据，不遗余力地努力证明孩子不遵守承诺，而忽视了孩子的反馈和真实感受。

"因为你昨天的计划没有落实，今天必须把昨天未完成的部分先补上，再把今天的任务完成。"

"那怎么可能，我补昨天的作业都需要两小时，如果再把今天的完成，我就没有时间玩儿了。"

"我们的计划你是同意的，就必须执行，如果你昨天不偷懒，就不会……"

"是您安排的任务太多了。您当时答应我写完作业可以玩儿游戏，其实内心根本就没有想过让我玩儿游戏，所以您给我布置的任务我根本就没有办法完成，这根本就不公平。"

"是你不遵守约定，自己同意的计划不按时完成，还狡辩。"

当孩子参与制订的计划未能完成时，需要和孩子一起复盘，是计划的本身出了问题，还是执行的过程中遇到了困难。孩子需要的不是父母的指责，而是帮助。

对制定学习目标的重要性，家长们很容易达成共识。只有确立了学习目标和计划，孩子才能明确努力的方向，家长才能够通过既定的目标和计划督促和检验孩子的执行情况。

5. 孩子制定的理想目标遭到家长的否定和打击。

开学前，思思给自己新学期制定了清晰的学科学习目标。父母看完思思的新学期的学习目标之后，对思思进行了各种否定和打击。

"是我否定你吗，明明是你不自量力。你写的第一条我都知道你实现不了：①数学考90分。你上学期几次考试都是不及格，平时又不认真学习，只有想法有什么用？②英语考85分以上。你平时连英语作业都不认真完成，还想考85分以上？你制定的学习目标是为了安慰自己，还是为了欺骗爸妈？"

……

家长平时关注孩子的缺点太多，一直在挑剔，很想让孩子进步，却经常给孩子泼冷水。

当孩子制定了过高的目标时，家长应该以一种理解和支持的态度去引导孩子，与孩子一起分析这个目标的可行性，帮助他们认识到目标过高可能带来的困难和挑战。同时，引导孩子制定短期可实现的目标，将大目标分解成一个个小目标，让孩子在逐步实现小目标的过程中积累信心和经验。

6. 孩子制定的自我满意目标与家长期待目标间存在差异。

高三的小铭目前成绩在580分左右，他认为自己上600分很难。而小铭妈妈对于他的期待，让小铭开始焦虑了。

"你现在成绩已经稳定在570分以上了，还有一年时间，只要你努力，冲刺600分没有问题，我给你找的辅导班的老师都很厉害，他们辅导的学生很多都在高三一年涨了150分左右……"

"我又不是他们，您不要对我期待太高，期待越高，失望越大。"

"你怎么这样，一点儿自信心都没有，花那么多钱给你补习，难道就是为了你的580分？"

"最好高三不要给我花钱补习了，以免高考后您失望……"

当孩子逐渐发现家长的期待与自己的实际水平间存在着过大的差异时，一种强烈的担忧便会涌上心头。他们开始担心自己无法满足家长的期望，害怕看到家长失望的眼神。这种担忧会在孩子的心中不断放大，进而引发深深的焦虑。在焦虑的笼罩下，孩子可能会变得敏感、脆弱，甚至对自己产生怀疑。

这种情况对于孩子的成长是极为不利的。而孩子拒绝家长的帮助，也会让他们在面对困难时更加无助，难以找到有效的解决办法。

家长在对孩子寄予期望的同时，也要充分了解孩子的实际水平和能力，合理调整自己的期待值；要让孩子感受到家长的爱是无条件的，无论他们是否达到了家长的期望，都能得到家长的支持和鼓励。

7. 孩子制定的勉强目标与家长的担忧。

小果妈妈："我们家孩子给自己定的高考目标是630分，现在孩子的成绩是550分左右，我担心孩子实现不了目标。"

我反问道："为什么担心呢？"

小果妈妈："我咨询了一个好朋友，也是在重点中学多年带高三实验班的老师，他告诉我高三一年想要提80分很难。"

"您怎么理解这位有经验的老师说的这句话呢？"

"提80分不可能。不过我和他爸爸商量过了，我们知道孩子实现这个目标不现实，但是我们在孩子面前还是表现出相信他，支持他。"

首先，家长可以与孩子坦诚地沟通，分享老师的观点以及家长的担忧，但同时也要肯定孩子有目标的积极意义，和孩子一起分析目前的学习状况，找出优势学科和薄弱学科，共同制订合理的提分计划。对于提80分这个目标，可以引导孩子将其分解为多个小目标，每个阶段设定一个具体可行的提升幅度，这样既可以让孩子看到进步的可能性，又能减轻孩子的压力。

其次，家长可以鼓励孩子多与老师沟通，寻求专业的学习建议和指导；同时，家长也要关注孩子的心理状态，在孩子遇到困难和挫折时，给予及时的鼓励和支持，帮助孩子保持积极的学习态度和信心。

最后，家长自身也要调整心态，不要过分强调目标的最终结果，而是注重孩子在努力过程中的成长和进步。

8. 孩子制定的不得已目标与家长的监管。

海洋是一名初三学生，在一模考试结束后，就拒绝去学校了。刚升入初三时，他制定的中考目标是××重点高中，从一模考试成绩来看，孩子的水平能上一个普通高中，但是只要他努力，还是有机会冲刺××重点高中……

海洋向我吐槽道："上学太痛苦了，我原来因为玩儿游戏导致学习成绩很差，上了初三我想好好学习，因为我想以后上高中、考大学。我只希望努力考个普通高中，结果我爸妈各种威逼利诱，让我把中考目标定为××重点高中。自从我答应努力考××重点高中，我的痛苦就开始了。我爸妈天天盯着我的学习……我已经打听过了，那个高中竞争压力很大，我这样的就算去了也是垫底的……既然我考不上，还不如现在就让我爸妈断了这个念想，省得他们再花更多时间督促我，中考之后对我有更多抱怨。"

在此我要郑重提醒各位家长：切勿给孩子制定过高的目标。过高的目标犹如一座难以攀登的高峰，可能会让孩子望而生畏，徒增压力与焦虑。相反，可以巧妙地把大目标拆解为一个个小目标，让孩子在前行的过程中能够不断地收获成就感，保持积极向上的动力。

同时，要根据孩子的实际情况，对后期的学习计划和目标进行阶段性调整。孩子的成长是一个动态的过程，他们的学习能力、兴趣爱好以及面临的挑战都处在不断变化之中。因此，家长和老师需要密切关注孩子的发展，定期评估他们的学习进展，适时地调整学习计划和目标，以确保其合理性和可行性。这样，孩子才能在一个适宜的学习环境中稳步前行，逐步实现自己的人生价值。

请相信，孩子了解家长的期待且能感受到家长的焦虑和担心。家长在孩子面前真实表达自己的感受很重要。

十 孩子拖延背后的秘密

孩子的拖延行为常常让家长困扰不已。当看到孩子迟迟无法完成作业、拖延着不去整理房间或是在各种任务上磨磨蹭蹭时，家长往往心急如焚，却又不知其背后究竟隐藏着怎样的秘密。孩子拖延的背后，绝不仅仅是表面上的懒散与不积极，而是有着更为复杂且深层次的原因：或许是对任务的恐惧与不安，或许是缺乏有效的时间管理能力，又或许是在寻求一种别样的关注与认可。

孩子写作业磨磨蹭蹭，催促多次无效！

孩子答应的事情，迟迟不开展行动！

孩子明明知道假期作业开学前必须完成，却总是拖到开学前最后一天赶工。

孩子的"拖延症"成了很多家长朋友的烦恼。

家长了解孩子的拖延行为背后的秘密，可以帮助孩子改善拖延行为。

1. 家长误判孩子的行为为"拖延"。

在家庭教育中，家长常常会误判孩子的行为为"拖延"，而其中往往存在着一些认知上的偏差。

以小学一年级的小丽为例，小丽的妈妈按照自己的做事风格来要求孩子，却忽视了孩子的年龄特点和实际做事能力。小丽妈妈表示："每天只让她练100道口算题，在我看来，明明十分钟之内就可以搞定的事情，她却磨磨蹭蹭算了20分钟。"然而，对于一年级的孩子来说，他们的注意力集中时间相对较短，手部肌肉发育也尚未完全成熟，书写速度自然不能与成年人相提并论。同时，这个年龄段的孩子可能对周围的环境更加好奇，容易被一些小细节吸引，从而导致在完成任务时，显得比较"慢"。

首先，家长应该详细写出自己认为孩子拖延的具体行为，例如在完成作业、整理书包、洗漱等方面的表现。通过具体的描述，可以更加清晰地了解孩子的行为模式。

其次，家长要用心观察孩子现在做事情的节奏，了解孩子在不同任务上所花费的时间以及他们的做事方式。这有助于家长更好地理解孩子的行为，而不是仅仅以家长的标准来衡量。

最后，根据孩子现在的表现制定合理化目标。这个目标应该既具有一定的挑战性，又要在孩子的能力范围之内。例如，对于小丽的口算练习，可以根据她目前的速度，逐步提高要求，而不是一开始就期望她能达到理想的速度。

家长要避免误判孩子的行为为"拖延"，而应充分考虑孩子的年龄特点和实际能力，以更加科学、合理的方式引导孩子成长。

2. 家长过度严厉导致孩子拖延。

家长有明确的标准要求孩子去做某件事情，孩子却因种种担忧而迟迟不敢行动。

以天天为例，天天的妈妈要求孩子每天背诵英语课堂学习的单词和课文，并且规定如果背诵错误就要罚写三遍。在这样的要求下，孩子内心充满了压力和恐惧。孩子担心因为自己做得不够好而引起家长的不满，更害怕家长因为不满意而对自己进行惩罚。这种担忧使得孩子在面对背诵任务时，充满了焦虑和不安，迟迟不敢行动。

首先，家长在面对孩子的"拖延"行为时，要控制好自己的情绪及与孩子沟通时的用语。当看到孩子拖延时，家长可能会感到生气、焦虑或者失望，但这些情绪如果不加控制地表现出来，会进一步加重孩子的心理负担。在与孩子沟通时，家长应避免使用指责、批评的语言，而应采用更加温和、鼓励的方式，让孩子感受到家长的理解和支持。

其次，家长要观察孩子的感受及情绪反馈。孩子的拖延行为往往是其内心情绪的外在表现，家长只有了解孩子的感受，才能更好地帮助他们克服困难。

最后，家长可以把对孩子的要求转化为亲子共同努力的目标。例如，在英语背诵这件事情上，家长可以和孩子一起制订背诵计划，共同参与背诵，让孩子感受到自己不是独自面对困难，而是和家长一起努力。

家长要理解孩子的担忧和恐惧，调整自己的要求和沟通方式，与孩子共同努力，帮助孩子避免拖延行为，实现健康成长。

3. 孩子因为力所不能及而拖延。

孩子内心清楚应该完成的任务，会因没有能力完成而拖延。

丹丹在写数学作业时常表现得拖拖拉拉。丹丹的妈妈无奈地说道："孩子每次写数学作业，都在磨磨蹭蹭，我督促了好多次，她才会极不情愿地去写。等她好不容易写完了，却发现对的没有几道题。看着孩子这样的状态，我真是又

学习篇 03
有困难但不畏难——缓和家庭学习指导的焦虑

着急又无奈。"对于丹丹来说，数学作业可能确实存在一定的难度，超出了她目前的能力范围。她内心或许清楚自己应该完成作业，但面对那些复杂的数学题目，她感到无从下手，这种无力感最终导致了拖延行为。

首先，当孩子力所不能及时，家长要降低对孩子的期待。每个孩子的学习能力和发展节奏都不同，不能用统一的标准来要求他们。如果家长总是期望孩子能够迅速地完成高难度的任务，只会给孩子带来巨大的压力，加剧了他们的拖延程度。

其次，家长要给予孩子支持和帮助，拆分孩子的任务目标。比如对于丹丹的数学作业，可以将其拆分成一个个小的部分，让孩子逐步完成。这样不仅可以降低完成任务的难度，还能让孩子在完成每个小目标时获得成就感，增强他们的自信心。

最后，当孩子遇到困难时，家长不要盲目要求孩子快速与同学保持一致。每个孩子都有自己的成长轨迹，不能因为看到其他孩子的优秀表现，就急于让自己的孩子也达到同样的水平。家长应该引导孩子关注自己的成长和进步，鼓励他们在自己的能力范围内不断努力，逐步提升。

在面对孩子因能力不足而拖延的情况时，家长要理解孩子的困境，调整自己的期望和教育方式，给予孩子切实的支持和帮助，让孩子在一个相对轻松的环境中逐步成长和进步。

4. 家长的安排孩子不认可，孩子因为反抗而拖延。

桃桃每天放学回家后，在写作业这件事上表现得很拖拉。桃桃内心渴望在放学之后先下楼与同学玩耍，家长却希望孩子先完成家庭作业，再去玩耍。桃桃对此感到十分困扰，她担心自己写完作业下楼后同学已经回家写作业了，没有人陪自己玩了。这种矛盾使得桃桃在写作业这件事上充满抵触情绪，进而产生了拖延行为。

首先，要给孩子合理的选择权。家长可以让孩子在一定范围内自主选择完成作业和玩耍的顺序，尊重孩子的意愿，这样可以增强孩子的自主性和责任感，消减他们的反抗情绪。

其次，敢于放手让孩子去尝试自己规划时间。家长不要总是过度干预孩子的时间安排，而要给予他们一定的自由空间，让他们在实践中学会合理分配时间。

再次，在给孩子选择权的同时，要一起讨论规则。家长可以和孩子共同制定一些关于作业和玩耍的规则，明确双方的责任和义务，确保孩子在享受自由的同时也能恪守一定的规范。

最后，家长做好提醒即可。在孩子进行时间规划和执行的过程中，家长可以适时地给予提醒，但不要过度催促和指责，让孩子在一个相对宽松的氛围中逐步学会自我管理。

当家长的安排与孩子的意愿不一致时，家长要善于倾听孩子的声音，给予他们一定的选择权，放手让他们尝试自己规划时间，并通过讨论规则和适当提醒来引导孩子养成良好的时间管理习惯。这样不仅可以减少孩子的反抗和拖延行为，还能培养他们的自主性和责任感，促进他们的健康成长。

在面对孩子的"拖延症"时，家长切不可急于给孩子做出坏的判断。很多孩子在拖延过后，往往会陷入自责、懊恼等情绪之中。孩子并非不想摆脱拖延症，而是没有找到摆脱拖延症的有效方法，此时的孩子迫切需要家长的帮助。

要真正帮助孩子解决拖延问题，关键在于了解孩子拖延背后的秘密。每个孩子的拖延行为都有其独特的原因，可能是因为对任务的恐惧、缺乏能力、家长的要求过高、内心的反抗或是对时间管理的迷茫等。家长只有深入探寻其背后的原因，才能对症下药，给予孩子切实可行的支持和引导。

家长不应仅凭表面现象就对孩子进行指责和批评，而应耐心地与孩子沟通，观察他们的行为和情绪反应，共同分析拖延的根源。家长可以通过降低期待、给予支持、提供选择权、一起制定规则等方式，帮助孩子逐步解决拖延问题，培养良好的时间管理习惯和自我管理能力。

定制程序

1. 当涉及孩子的学习问题时，不要轻易给孩子贴标签。

2. 当觉得孩子学习不认真时，不仅要观察孩子在家学习各个学科的时间、专注度、情绪，还要了解孩子的学习感受，同时要与老师沟通并了解孩子在校的表现。

3. 发现孩子学习压力大时，不要着急说教、劝慰孩子，沉默也是一种交流。

4. 当孩子反馈考前焦虑时，陪伴比说教更有效。

5. 当孩子说"作业太多了，写不完"时，不说"赶紧写吧""也不是你一个人多""写不完就不写了"……

6. 因家长催促孩子学习而闹不愉快的时候，就是家长需要升级亲子沟通方式的时候。

04

同 伴 篇

孩子的世界很简单
——培养同伴间的社交智慧

我问您答？

随着孩子年龄的增长，同伴关系变得越来越重要，良好的同伴关系会为青少年提供稳定的自我认同感和安全感，而同伴关系不良的学生可能会面临更多的学业困难、社交问题和负面情绪的困扰。面对以下场景，您通常会怎么说？

➤ 孩子不愿意和同伴分享玩具，您会说：_____
  ☐ 你必须分享，不然就不是好孩子！
  ☐ 如果你分享，我给你买新玩具！
  ☐ 如果你不分享，以后就不给你买新玩具了！
  ☐ 这个玩具给别人玩一下，别这么小气！
  ☐ 你能告诉我，为什么不愿意和同伴分享这个玩具吗？

➤ 孩子因为被同伴嘲笑而感到伤心，您会说：_____
  ☐ 他们为啥嘲笑你，而不嘲笑别人？
  ☐ 别听他们的，你做好自己就行。
  ☐ 这样对我家孩子，对方家长和孩子必须道歉。
  ☐ 他们嘲笑你，是因为他们不懂你的特别之处。
  ☐ 如果有下次，你明确告诉他们你不喜欢这样。他们如果还继续，你可以找老师求助，我也可以找老师或对方家长谈。

➤ 孩子说被同伴孤立了，您会说：_____
  ☐ 把注意力放在学习上，你学习好，同学自然会喜欢你。学习不好，再多人喜欢你也没有用。
  ☐ 肯定是你不对，为什么别人都不理你？
  ☐ 你必须去和他们玩，不然就没朋友了！
  ☐ 被孤立一定很难受，你愿意和妈妈分享你的感受吗？
  ☐ 我们一起来想想，为什么他们会这样对你？我们可以怎么做呢？

调研数据

鉴于学生的校园生活占据了他们日常的大部分时间,《家庭教育蓝皮书（2024）：中国家庭养育环境报告》对中国学生的学校人际关系进行了调查，如图4-1和表4-1显示，同伴关系水平均存在明显的随学段上升而下降的趋势。随着学段上升，同伴关系待提升比例从小学的13%增加至高中的22.5%，而同伴关系优秀的比例从小学时的45.7%下降至高中的19.1%。

这种趋势的出现可能与学生的生理与心理的发展相关。随着学段的上升，个体的自我意识逐渐增强，个体对社交和友情的需求快速发展。青春期的到来使学生开始萌生独立的思想，力求摆脱父母的干涉和控制，开始构建自己的交往圈子。但他们由于缺乏对自己和他人的正确认知，缺乏与他人交往的经验和技巧等，使他们的人际交往不可避免地同时显示出成人式的独立性与儿童式的幼稚性，常常呈现出理想的独立与实际的依赖之间的矛盾，从而导致了校园人际关系的矛盾和冲突。

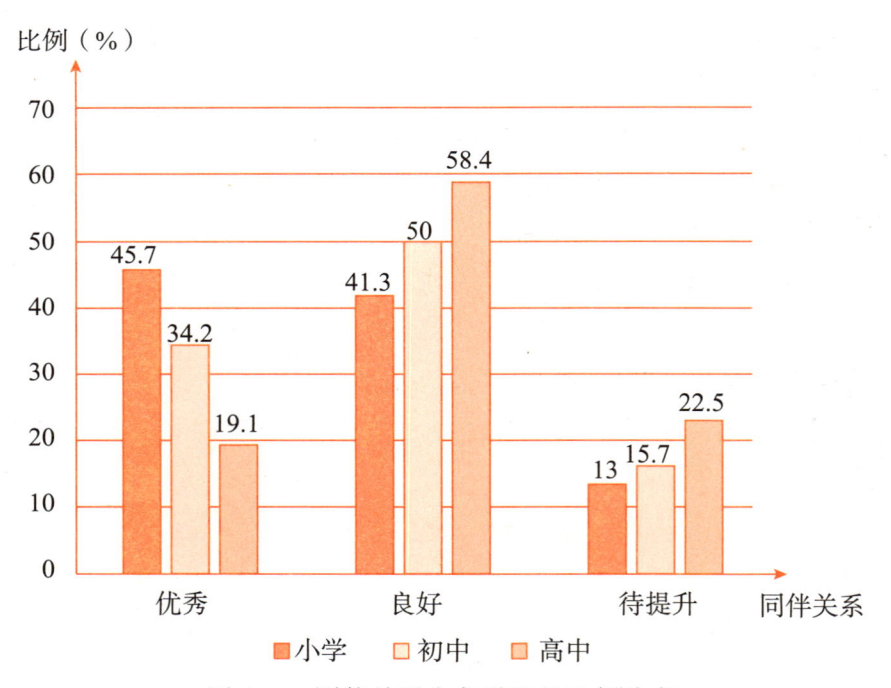

图4-1 同伴关系在各学段的比例分布

表 4-1 不同学段的人际关系状况

	学段	平均分	标准差	F 值	显著性 p
同伴关系	小学	8.55	1.79	1902	<0.001
	初中	8.23	1.77		
	高中	7.71	1.70		

日常情境

一、让同胞关系变得坚不可摧

莫瑞·鲍恩（Murray Bowen）的家庭系统理论深刻地揭示了家庭的本质：在这个复杂的系统中，成员们紧密相连，一个人的情绪和行为会像涟漪般扩散，影响到其他成员。

在中国，"多子多福"这一传统观念深入人心。随着生育政策的调整，多子女家庭模式又重新出现。然而对当代的父母来说，管理好一个多子女家庭是极大的考验。子女间互相竞争是自然现象，如何平衡孩子之间的关系，父母需要大智慧。

在多子女家庭中，孩子们往往会出现显著的性格和能力差异，究其原因，既有先天秉赋的不同，也会受到出生顺序和成长环境的影响。而父母对孩子的不公平对待，与高比率的同胞冲突和不良的同胞竞争是相关的。尽管大多数父母都想努力做到"一碗水端平"，然而在日常生活中，父母会不自觉地对孩子们的行为表现进行比较。父母可能无意中流露出更"赞赏"哪一个，愈加助长了孩子之间的竞争。

家长期望借助"比较"来激励孩子纠正不良行为。例如："你看姐姐多么听话。""你看姐姐多乖。""你为什么不能像姐姐一样主动学习呢？"……

有的家长通过"比较"来赞美、突出某个孩子的优势。例如："妹妹写作业比哥哥认真。""哥哥运动能力比妹妹好。"……需要提醒的是，无论是批评孩子还是赞美孩子，都应就事论事，针对具体行为，切不可拉高踩低，让孩子产生不被父母接纳之感。

孩子的未来有无限可能，家长不要着急对孩子做出评价。每个孩子都是独一无二的个体，他们都渴望得到父母的关爱与重视。父母应该仔细观察并找出每个孩子的独特性，并针对这些独特性给予赞美和鼓励。这样，孩子之间的关系自然能够和谐很多，他们会发展出各自的专长。尊重孩子的个性差异至关重要，我们**应让孩子结成同盟关系，而不是竞争或者敌对关系。**

遗憾的是，有很多家庭还没有意识到这一点的重要性。几年前我曾接手过一个特殊的案例——家长带着一对三年级的双胞胎兄弟来找我咨询。

哥哥的学习成绩很好，习惯和规则意识也很好。相反，弟弟注意力不集中，经常违反班规、班纪。家长在家里经常通过夸赞哥哥来"激励"弟弟。

"哥哥期末考试数学得了个 A^+，弟弟什么时候也能考出这样的成绩啊？"

"你看看哥哥总能收拾好自己的衣橱，你却弄得一团糟。"

"你写作业什么时候能够不让我陪呢，哥哥一年级时就能自己写作业了。"

面对习惯不好的弟弟，妈妈自然投入了更多时间和精力。

弟弟却很不满意："您为啥总是管我？"

哥哥也不满意："您为啥总是不陪我？"

在这个家庭中，因为父母有意无意间对两个孩子进行了比较，导致出现了一系列问题。

哥哥虽然成绩优秀、习惯良好，但他内心深处渴望得到父母同等的关注和陪伴。他看到妈妈总是陪着弟弟，心中难免会产生失落和委屈。他可能会觉得自己的努力和优秀并没有得到应有的回报，弟弟却因为表现不佳反而得到了更多的关心。这种不公平的感受会在哥哥的心里逐渐累积，可能会影响他的认知和对家庭的感受。

弟弟呢，一方面因为自己注意力不集中、经常为违反班规、班纪感到苦恼；另一方面又对妈妈的过度关注感到厌烦。他或许觉得自己在妈妈眼中总是不够好，总是需要被管束。而当听到哥哥的抱怨时，他可能会更加觉得自己是家庭问题的重要根源，从而加重了心理负担。

从这个案例中我们可以看出，"比较行为"不仅伤害了孩子之间的同胞关系，也对每个孩子的心理健康产生了负面影响。父母对孩子进行比较往往是出于一种期望，期望通过对比让孩子看到自己的不足，从而激励他们进步，然而事实上，这种方式往往适得其反。每个孩子都是独一无二的，他们有自己的优点和不足，有自己的成长节奏和方式。当父母对孩子进行比较时，孩子可能会感到自己被贬低或被忽视，从而失去自信和前进的动力。

在这个家庭中，父母首先需要认识到自己的错误，并停止对两个孩子的比较。他们应该看到每个孩子的独特之处，尊重他们的个性差异。对待哥哥，父母可以给予更多的肯定和鼓励，让他知道自己的努力和优秀是被看到的、被认可的。同时，父母也可以安排一些时间专门陪伴哥哥，以满足他对亲情的需求。对待弟弟，父母应该给予他更多的耐心和理解，帮助他克服注意力不集中的问题，而不是一味地批评和管束。父母可以通过一些具体的方法，如制定规则、设定奖惩机制等，来引导弟弟养成良好的习惯。

此外，父母还可以创造一些机会让两个孩子相互合作、相互学习。比如，安排一些家庭活动，让哥哥和弟弟一起完成任务。在这个过程中，他们可以发挥各自的优势，互相帮助，增进彼此之间的感情。同时，父母也可以借此机会引导孩子们看到对方的优点，学会欣赏和尊重对方。

教育孩子是一项复杂而艰巨的任务，父母需要不断地学习和反思。我们要避免陷入"比较"的陷阱，尊重每个孩子的个性和成长节奏，为他们提供一个充满爱和支持的成长环境。只有这样，我们才能培养出自信、独立、有责任感的下一代。

回到这对双胞胎兄弟的案例中，我们可以设想，如果父母能够及时调整教育方式，避免相互比较，给予两个孩子平等的关注和爱，兄弟二人的关系将会得到很大改善。哥哥会感受到父母的关爱，更加自信地展现自己的优势；弟弟也会在父母的耐心引导下，逐渐战胜自己，变得更加自律和优秀。

在日常生活中，这样的案例并不少见。很多家庭都存在着不同程度的比较行为，这给孩子们带来了不必要的压力和伤害。我们应该从这些案例中吸取教训，努力为孩子们创造一个健康、和谐的成长环境。

一方面，父母要学会控制自己的情绪和言语，避免在孩子面前进行不恰当的比较。另一方面，当看到孩子的不足之处时，家长不要急于批评和指责，而是应以平和的心态与孩子沟通，了解他们的想法和感受。同时，家长要善于发现孩子的优点和进步之处，并及时给予肯定和鼓励，让他们感受到自己的价值和重要性。

二、青春期的同伴交往

研究发现，在青春期，同伴之间的支持变得尤为关键，并且同伴关系无法

被其他关系取代。相较于家长和老师，中学生更愿意听取同龄人的建议，更希望获得同伴的支持。

初二女孩玲灵，情感细腻，善于交朋友。有一天放学回家后，她却伤心地向妈妈倾诉了自己的困扰："妈妈，今天我有点儿不开心。我和元元、兰兰、莉莉她们本来相处得挺好的，但最近发生的一些事情让我感到很困惑。昨天中午去食堂吃饭时，我叫她们一起去，她们说还有作业没有写完，我就一直等着她们。今天我想我也写一会儿作业吧，结果我写完作业却发现她们都走了……"

玲灵妈妈是一名优秀的学习治疗师，接受过专业的学习和训练。她敏锐地察觉到女儿的情绪，温柔地回应道："宝贝，看来落单这件事让你感觉很不舒服。"

玲灵难过地说："是啊，我觉得她们就是不想跟我玩儿……"

面对女儿的伤心，玲灵妈妈并没有急于否定她的感受，而是选择以一种平等的姿态与女儿共同探讨问题。玲灵妈妈提议："那我们一起猜想一下，她们今天没有等你一起吃饭的原因会是什么呢？"

玲灵依旧沉浸在难过之中，坚定地认为："她们并不想跟我玩儿，我也不是非要跟她们一起吃饭。不过是我们平时一起活动久了，小伙伴关系已经相对稳定了。我觉得她们这样做，就是不想跟我玩儿了。"

玲灵妈妈并没有被女儿的情绪左右，继续引导："我同意你说的这个理由可能是一个主要原因，是否还存在其他原因呢？"

玲灵此时还有些生气，声称没有其他理由了。

玲灵妈妈并未放弃，进一步追问："你能百分之百确定她们不想跟你一起玩儿了吗？当初你们几个为什么会在一起玩儿、一起吃饭呢？"在妈妈的耐心引导下，玲灵稍微平静了一些，开始回忆："我们几个从初一开学就觉得彼此间有共同话题，所以我们经常在一起。其实最近也没有发生什么大事，只是最近兰兰的考试成绩不是很理想，她妈妈对她要求比较严格，我可能安慰她的方式不太合适……"

玲灵妈妈抓住这个契机，开始鼓励玲灵："你真棒，关注到了同学的情绪，看来你们前段时间交流得很深入。我想到的是，有没有一种可能是她们饿了。妈妈上中学时，就做不到你昨天那样的等待。只要我饿了，就会先去吃饭……"

玲灵虽然认可妈妈的说法，但也提出了自己的疑虑："元元经常喊饿，但是她们三个同时饿的可能性应该比较小啊？"

玲灵妈妈继续鼓励女儿思考："那你觉得还有什么原因呢？"

玲灵回忆起过往的细节："可能她们喊我了，但我没有听见。她们原来说过我写作业时很专注，她们都不忍心打扰我。"

妈妈顺着女儿的思路，又提出一个可能的原因："她们可能并不认为好朋友必须每次都要一起吃饭。你虽然感到不开心了，但是她们可能根本就没有意识到。"

玲灵有些无奈地说："她们当然不知道了，她们几个根本就不关注细节。"

玲灵妈妈巧妙地将问题转化为对女儿优势的探讨："关注细节是你的优势，现在你的这几个小伙伴不太关注细节，结果使你这个关心细节的小朋友生气了，那你说这个优势是好还是坏呢？"

玲灵陷入了思考，随后又想到了另一种可能："还有可能是她们有社团活动或者其他活动。我有时就因为社团开会也不跟她们一起吃饭。"

玲灵妈妈见女儿已经积极思考了多种可能，便不再追问。玲灵也决定先放下这件事情，专心去写作业了。

第二天，玲灵妈妈关心地询问："今天你们一起吃饭了吗？"玲灵并没有给出答案。直到第三天，玲灵才开心地和妈妈分享道："我中午下课后看她们写完作业了，就叫她们一起下楼吃饭了，下午上体育课时，我们交流得也很愉快。"

在与孩子沟通的整个过程中，玲灵妈妈展现出了极佳的家庭教育智慧。

首先，她充分尊重了孩子的感受。当玲灵因为被同伴忽略而伤心时，玲灵妈妈没有轻视或否定她的情绪，而是给予了理解和接纳，让孩子感受到自己的情绪是被重视的。

其次，玲灵妈妈没有直接给孩子建议，而是引导孩子去发现问题背后可能的原因。通过与女儿的互动，玲灵妈妈鼓励玲灵从不同的角度去思考，让她学会全面地分析问题，而不是仅仅局限于自己的主观感受。

最后，玲灵妈妈不刻意追问结果，当玲灵已经开始积极思考问题的多种可能性时，她没有强行要求玲灵给出一个确定的答案，而是尊重玲灵的节奏，让玲灵在适当的时候自己去处理问题。她相信孩子有能力解决自己的问题，只是在必要时给予引导和支持。

青春期的孩子面临着诸多挑战，其中同伴关系的变化尤其会给他们带来很大的影响。此时，家长的正确引导至关重要。像玲灵妈妈这样，以智慧的方式引导孩子处理与同伴的关系问题，不仅有助于孩子学会解决问题的方法，还能增强其自信心和独立性。这样的做法也为孩子提供了一个良好的范本，让他们在面对问题时能够保持冷静和理性，积极地寻找解决办法。

如表4-2和表4-3所示，我给大家提供两个练习表，可用于记录观察、倾听孩子在同伴交往中的情况。

表4-2　对孩子同伴交往的观察记录

日期	场景描述	孩子的行为表现	同伴的反应	家长的反思与建议

表 4-3　孩子倾诉与同伴交往的烦恼的情况

倾诉的主题	孩子的情绪表现	孩子倾诉的具体内容	家长倾听与回应的策略	家长的引导与建议

三、关心孩子交友，这几件事不要做

对青少年来说，不论是亲子关系还是师生关系，孩子都是被关心、被管教的一方，而同伴关系，是一种平等关系，他们可以在彼此的陪伴中分享快乐、分担忧愁，共同成长。北京师范大学教育学部副教授钱志亮研究发现，同伴关系影响着少年儿童的价值观、态度、能力和认识方法的社会化程度。然而，家长往往会在孩子的同伴交往方面存在着各种担忧，有时甚至会过度干预，这种做法可能会给孩子带来不良影响。

有的家长担心孩子性格内向，在与小伙伴交流时不够主动；

有的家长认为孩子应以学习为主，同伴交往没那么重要；

还有的家长担心孩子交友不慎，需要时刻关注。

作为家长，我很理解大家对孩子的同伴关系非常关注，然而我认为，孩子们的友情让孩子自己去适应就好，家长不应该过度插手。家长在处理孩子同伴关系时，应把握好度，避免因过度干预而伤害到孩子。

因此需要提醒大家，有几件事尽量不要去做。

1. 强迫孩子参与团体活动。

静静妈妈认为静静性格内向，跟小伙伴玩耍时不是很主动，担心她上小学后会影响同伴交往，于是在幼小衔接的暑假期间组织了很多次亲子活动，而几乎在每次活动中都能听到静静妈妈的催促："静静，你去跟××一起玩儿啊。""静静，大家都在讲故事，你也讲一个。""静静，你大点声音说话。"……静静妈妈本希望通过组织亲子活动提升静静与同伴交往的能力，然而事与愿违，静静变得越来越沉默。

其实，在这种情况下，家长不应逼迫孩子去做还没准备好的事情。每个孩子都有自己的节奏和方式，性格内向的孩子可能需要更多的时间来适应新环境和与他人交往。家长应关注孩子的表现，听听孩子的想法，了解他们的恐惧和担忧，并给予耐心的引导和支持。同时，也要允许孩子与自己相处，让他们在自己的世界里慢慢找到安全感，再逐渐适应与同伴相处的环境。性格内向和外向各有优势，内向的孩子可能更善于思考，观察更加细致，家长应尊重孩子的个性特点，而不是强行改变他们。此外，家长还应了解自己孩子的同伴交往习惯，有的孩子喜欢主动邀请他人一起玩耍，有的孩子则喜欢被动等待，确定安全后才会加入活动。家长只有了解孩子的特点，才能更好地帮助他们融入同伴群体。

2. 给孩子找榜样。

欣欣妈妈非常关注孩子的交往对象，她认为孩子与品学兼优的同学多交流，可以受到积极影响。于是，欣欣妈妈密切关注家长群，重点记录老师平时表扬比较多的学生的姓名。她在家与孩子交流时，反复提醒孩子："你们班小林又被老师表扬了，你在学校一定要多跟人家交流。""你们班小李学习那么好，我加了他家长的微信，周末我们一起玩儿。"……

然而，这种做法并不一定合适。每个孩子都有自己的个性和兴趣爱好，强行让孩子与所谓的榜样朋友交往，可能会让孩子感到有压力和不自在。孩子更愿意与自己志同道合、相互理解的伙伴交朋友，而不仅仅是因为对方成绩好或被老师表扬就愿意刻意接近。家长应该尊重孩子的选择，鼓励他们根据自己的喜好去结交朋友，而不是将自己的意愿强加给孩子。

3. 否定孩子的好朋友。

兰兰妈妈罗列了兰兰好友的诸多"罪状"："学习差""纪律差""不懂礼貌""爱玩儿游戏""不尊重父母"……这让兰兰感到非常委屈。兰兰觉得，妈妈这样评价自己的朋友，自己在妈妈心中可能也是这样的孩子。而且妈妈为什么看不到好朋友的优点呢？为什么要诋毁自己的好朋友呢？

家长一味地否定孩子的好朋友，只会把孩子越推越远。孩子与朋友之间的感情是真挚而纯粹的，他们可能在彼此身上看到了一些家长没有发现的闪光点。家长应该以开放的心态去了解孩子的朋友，尝试发现他们的优点，而不是仅凭一些表面现象就全盘否定。即使孩子的朋友确实存在一些问题，家长也可以通过与孩子沟通交流，引导他们正确看待朋友的行为，帮助他们学会分辨是非善恶，而不是简单粗暴地禁止他们交往。

4. 找老师、找对方家长要求强制隔离孩子交往。

同伴关系能够帮助孩子建立和保持与他人相互依赖、彼此合作的关系，孩子在与同伴相处的过程中也会产生矛盾，但他们可以在冲突中提升沟通、换位思考、协作、控制情绪等方面的能力。

当发现孩子与某个同伴一起玩儿总是产生不愉快时，有的家长会忍不住出面帮孩子解决"问题"。

"老师，我们家孩子和小路在一起玩儿时，总会闹不愉快，我要求把他们俩的座位调开……"

"嘉琪妈妈，孩子已经初三了，我希望我们各自管好自己家的孩子，不要再让两个孩子过多交往了……"

然而，这种未经孩子允许就强制隔断孩子交往的做法是不可取的。孩子知晓真相后，会对家长失去信任和尊重，也失去了自己处理同伴关系的成长机会。

家长可以从以下几个方面关注孩子的交友情况：

1. 关注孩子与同伴一起做的事情。了解孩子们的兴趣爱好和活动内容，有助于家长更好地理解孩子们的世界。

2. 观察孩子与同伴一起活动之后的情绪变化。如果孩子总是情绪低落或烦躁不安，可能说明他们在交往中遇到了问题。

3. 与孩子沟通了解孩子好友的优点。通过这种方式，家长可以更加全面地认识孩子的朋友，也能让孩子感受到家长对他们的尊重和关心。

当孩子与好友在一起之后出现异常表现，如骂脏话、攻击他人、作业完成质量下降、学习主动性降低、沉迷于游戏等，家长要给予关注，但不要把所有问题都归因于孩子的好友"坏"，更不要强迫孩子立刻与好友绝交。家长需要多一些耐心，与孩子一起讨论制定规则，引导他们正确地处理与朋友之间的关系。

如果孩子的好朋友确实存在较大的品质问题和行为问题，家长首先要与孩子保持良好的亲子关系，避免把孩子越推越远。良好的亲子关系是有效沟通的前提，只有当孩子感受到家长的关爱和理解时，他们才愿意听取家长的建议。其次，要帮助孩子建立新的同伴关系，让他们有更多的选择机会去结交积极向上的朋友。最后，要帮助孩子减少和对方接触的时间，逐渐淡化不良影响。

在教育孩子的过程中，家长要多一些观察，多一些了解，了解孩子们彼此欣赏的品质，这样不仅可以更好地引导孩子交友，还能增进亲子之间的感情。总之，家长在关注孩子的同伴关系时，要把握好度，在尊重孩子的选择和感受的前提下，以智慧的方式引导其健康发展。

四、看懂孩子情绪宣泄背后的积极行为

在同伴交往过程中，相互间的矛盾与冲突往往难以避免。作为家长，我们应当以敏锐的洞察力去发掘这些矛盾背后所蕴含的积极因素，并给予孩子恰当而有效的引导。

学校球王争霸赛后，初二的小凡带着满心的委屈与不满回到家中，向妈妈倾诉了班级参赛过程中的一些情况。

"我们班班长太不负责任了！比赛前，他除了明确参赛队员名单和球赛时间外，其他什么也没有干。他说我们不参赛的同学，可以在教室写作业，也可以去操场看球赛。我想着参赛的同学代表班级比赛，必须去操场给他们加油，我到操场发现，跟我们比赛的班级安排了啦啦队、摄影师、活动稿撰写员、后勤保障组……"小凡的话语中充满了对班长的指责与失望。小凡为了班级的荣誉，积极主动地承担起责任，先是回班叫同学下楼做啦啦队，又与几名同学一起帮参赛的同学收拾衣服、打水，活动结束后还陪他们一起写比赛总结。在他看来，班长的不作为与自己的努力形成了鲜明的对比，这让他感到无比气愤。"他根本就不配当班长，一点儿都不负责任……因为我们大家的努力，最后我们班赢了比赛，还受到了学校表扬。比赛时，班主任有事不在，但事后表扬我们

时还提到了班长，他也好意思接受表扬……"

小凡妈妈试图打圆场："可能是你们班长疏忽了……"

小凡却坚定地认为："这不是疏忽，这是失职，是不负责任！"

小凡妈妈接着说："你不能只看这一件事情，平时人家表现不是挺好的吗？你怎么不看人家的学习成绩？最后的活动稿不也是班长和你一起完成的吗？人家也不是什么都没有做啊？只是前期沟通……"

小凡反驳道："您怎么看他哪儿都好啊？他学习好与他组织活动失职有关系吗？"

在整个过程中，小凡主动承担责任，辛苦地组织活动，回家向妈妈发发牢骚，本希望得到妈妈的理解和支持，妈妈却忽视了孩子的努力，反而因为担心孩子过度关注别人的不足而对孩子进行说教。

良好的沟通应是：家长越说越想听，孩子越听越想说。其实，此时家长如果多一些耐心，听孩子分享完整个事件的过程及感受，就可以更好地与孩子建立共同话题。

首先，我们应该认可孩子的团体意识。小凡主动下楼去看球赛，这充分体现了他对班级的热爱和责任感。当他发现其他班级的同学分工明确、团队配合默契时，第一时间回班组织同学到操场做后勤工作，这种积极主动的行为值得赞扬和肯定。家长可以通过表达对孩子行为的认可，让孩子感受到自己的努力得到了理解和尊重。例如，家长可以说："宝贝，你做得非常好！你对班级的热爱和责任感让妈妈感到很骄傲。你主动去为参赛同学加油，还组织同学们做后勤工作，你的付出帮助班级赢得了荣誉。"

其次，孩子对班主任没有到场但事后表扬班长的事情表达不满时，家长可以引导孩子思考班主任的做法以及自己的期望。家长可以问孩子："你希望班主任如何做呢？"通过这样的问题，让孩子思考班主任在这种情况下应该采取的行动，从而培养他的思考能力和判断力。同时，家长也可以询问孩子理想中的班长应该是什么样的，以及孩子平时对班长职责的了解。例如，家长可以说："你觉得一个好的班长应该具备哪些品质呢？你平时对你们班长有哪些了解呢？他为什么会这样做呢？"通过这些问题，引导孩子从不同的角度去看待班长的行为，帮助他理解班长的处境和想法。这样不仅可以缓解孩子的不满情绪，还能培养他的同理心和宽容心。

最后，家长还可以引导孩子思考如何更好地组织班级活动，提高团队的合作能力。家长可以问孩子："如果下次再有这样的活动，你觉得应该怎么做呢？"让孩子提出自己的建议和想法，从而培养他的创新能力和解决问题的能力。同时，家长也可以分享自己的经验和看法，与孩子一起探讨如何才能更好地组织活动。

总之，由于同伴之间的矛盾是不可避免的，所以家长应该以积极的态度去看待这些矛盾，从中发掘出积极的因素，并给予孩子恰当的引导；通过耐心倾听孩子的感受，认可孩子的努力，进而引导孩子从不同的角度看问题，我们可以帮助孩子更好地应对人际关系中的挑战，培养他们分析和解决问题的能力。在这个过程中，我们不仅能够与孩子建立更加紧密的亲子关系，还能为他们的未来发展奠定坚实的基础。

五、以爱之名，莫让"担心"沦为"责备"

良好的亲子关系是：开心时，孩子希望第一时间与家长分享；伤心/沮丧/失落时，孩子会第一时间想到向爸爸妈妈求助。 因此，当孩子在与同伴交往中遇到困难向家长求助时，家长的反应至关重要，稍有不慎，就会把原本的担心与爱转化为对孩子的责备。

04 同伴篇
孩子的世界很简单——培养同伴间的社交智慧

以小学生豆豆为例，豆豆在与同伴的交往中频繁爆发冲突。有一次，他向妈妈诉说自己的委屈："妈妈，今天我刚在楼下广场跟小朋友一起跳绳，欢欢推我，我摔倒了。"妈妈的回应却并非安慰与支持，而是指责："你怎么又跟欢欢在一起玩儿，不是跟你说了，不要再跟他在一起玩儿了！你怎么就记不住呢？"豆豆试图解释："是他非要跟我玩儿，他说，如果我不跟他玩儿，就让其他小朋友也不跟我玩儿，他上次还抢了我的玩具。"可妈妈并未就此罢休，继续批评道："你怎么这么笨啊，他推你时，你不会躲吗？你真笨，你在家里不是挺能说的嘛，怎么一到外边就不行了？你就是'窝里横'。你以后能不能长点记性，不要再跟他玩儿了！"豆豆只能委屈地抹眼泪，而妈妈依旧不依不饶："你哭什么啊，你要么学会跟他沟通，要么远离他，要么打回去，哭什么啊！"

孩子在与同伴交往中遇到困难，甚至受到了伤害，本来希望从家长那里得到支持与帮助，妈妈的反应却让孩子倍感失望。妈妈听到孩子的诉说，内心是担心孩子再被欺负，希望孩子以后能够有能力自己处理问题，这份担心无疑是出于对孩子的爱，但为何说出来的话却让孩子如此不舒服呢？

孩子的能力是逐步发展起来的。当孩子还没有能力做到某些事情时，我们应该慢下来陪伴他们，而不是急于责备。对于偶发的同伴矛盾，家长要耐心倾听，尽量了解事件的全部信息，引导孩子解决矛盾，并在后续持续关注。对于频发的同伴矛盾，则一定要重视并关注孩子的身体安全和心理变化，及时采取有效措施应对同伴欺凌。无论是频发还是偶发，孩子诉说时，家长都应该耐心倾听，要给予孩子足够的安全感和支持。

豆豆妈妈在意识到问题后进行了咨询："常老师，我家孩子胆子小，总是被欺负，我教他如何保护自己，或者反击，他都做不到，我看着既心疼，又生气。您说，我该怎么办？"当豆豆妈妈被问"在您身边，孩子有安全感吗？"时，豆豆妈妈不好意思地说："没有。我家孩子挺怕我的，我性子比较急。我一看到他被小伙伴欺负就来气，担心他以后也这样唯唯诺诺。"

豆豆妈妈的这种担忧是可以理解的，但她的处理方式有待商榷。我们可以尝试让孩子在家复盘与小伙伴发生不愉快时的场景，听听孩子的描述。家长可以跟孩子互换角色，让孩子从小伙伴的角度了解小伙伴，同时陪着孩子练习，当小伙伴行为不当时，孩子应该如何正确应对。

通过这样的方式，孩子可以更好地理解他人的行为，也能够学会如何有效地表达自己的感受和需求。同时，家长在这个过程中的陪伴和引导，也能够让孩子感受到足够的安全感，从而更加从容地面对同伴交往中的挑战。

我们不能以成人的标准去要求孩子，而应该以理解和耐心陪伴他们成长。当孩子遇到困难时，我们要用爱给予他们支持和鼓励，而不是让"担心"变成"责备"，进一步去伤害孩子。

家长的行为模式对孩子的影响是深远的，如果家长总是在孩子遇到问题时采取责备的方式，孩子可能会逐渐失去自信，变得胆小怕事，**甚至在面对困难时不敢向家长求助**。相反，如果家长能够给予孩子足够的耐心和支持，孩子就会更加勇敢地去面对挑战，积极地寻找解决问题的方案。

此外，学校和社会也应该在孩子的同伴交往中发挥积极的作用。学校可以通过开展各种活动，培养孩子的人际交往能力和合作精神。社会也可以提供更多的资源和平台，让孩子们有机会与不同的人交往，丰富他们的视野和思维方式。

总之，孩子的成长是一个复杂而漫长的过程，同伴交往中的困难只是其中的一部分。作为家长，我们要以正确的方式对待孩子的问题，给予他们足够的爱和支持。同时，学校和社会也应共同努力，为孩子的成长创造出良好的环境。只有这样，我们才能培养出自信、勇敢、有责任感的下一代。

六、孩子为何偏爱去同学家？

小宇妈妈通过朋友找到我，讲述了她在读初二的孩子喜欢去同学家的故事。"我们家孩子特别喜欢去在同小区住的同学家，尤其是周末，除了在家吃饭，基本都待在同学家。"

这个现象引起了我的好奇，于是询问小宇妈妈一些关键问题。

"您认为孩子去同学家有哪些不妥之处呢？"我问道。小宇妈妈回应说："孩子在家不跟我和他爸爸说话，我们说什么他都会表现得很不耐烦。"**这确实是一个值得关注的问题，亲子之间的交流障碍往往会对孩子的成长产生不良影响。**

我继续追问："从什么时候开始，孩子跟你们交流得比较少了呢？"小宇妈妈思索片刻后回答："初二之前都还蛮好的，因为初二开学时我翻看他的手机，发现他和女生聊天，那个女生的成绩不是很好，所以我找了班主任老师和那个女生的家长。"这个举动无疑是引发亲子关系变化的一个重要节点。

"您找班主任和女生家长是为了什么呢？"我进一步询问。小宇妈妈解释道："我发现他们晚上十点半还在聊天，聊天内容主要是那个女生学习困难的事，但是我担心我们家孩子的学习受影响，以他现在的成绩一定能考上区重点高中。我当时就跟那个女生的妈妈约定各自管好自己的孩子，从那之后，那个女生就不再跟我家孩子聊天了，我家孩子的成绩没有受到影响。我现在就想知道他怎么才能愿意跟我和他爸爸交流？"从妈妈的角度来看，她的出发点似乎是为了孩子的学习和未来着想，但她的做法却给孩子带来了心理上的创伤。

"翻看孩子手机并且找老师和那个女生家长谈话这件事，孩子知道吗？"我继续追问细节。小宇妈妈坦然地说："找过之后，我就告诉他了，他很生气。但是我觉得我没有错。"这种坚持自我正确的态度，或许正是亲子矛盾难以化解的原因之一。

"那么孩子现在经常去找他的同学，您怎么能够允许孩子长时间待在同学家？"我又提出了另一个问题。小宇妈妈解释道："第一，这个同小区的同学是男孩子。第二，这个男孩子学习成绩比我家孩子优秀，性格也外向。第三，我跟对方家长了解过，孩子在他们家很有礼貌，去了就是跟那个同学一起学习。我觉得我们孩子跟着他可以学到更多，起初我还是蛮开心的，现在我也不是反对他去同学家，而是希望他能够多在家待一会儿，能够跟我们聊聊天……"从妈妈的回答中可以看出，她对孩子的期望和关注始终围绕着学习和成长，但忽略了孩子内心的真正需求。

"您觉得孩子为什么喜欢去同学家而不喜欢在自己家呢？"我的这个问题让小宇妈妈陷入了沉思。"我没有想过这个问题，我一直想让他在家多待一会儿，想了解一下他在干啥。现在看来，他可能是为了逃避我的唠叨，也可能是因为……"小宇妈妈的回答虽然不完整，但促使我们开始思考孩子行为背后的深层次原因。

孩子喜欢去同学家，而不愿意待在自己家，这一现象值得我们深思。从孩子的角度来看，同学家可能提供了一个更加自由、轻松的环境。在同学家，他们可以与同龄人自由地交流，分享彼此的喜怒哀乐，而不必担心父母的唠叨和干涉。相比之下，自己家可能充满了父母的期望、压力和干涉，让孩子感到被压抑和束缚。

小宇妈妈翻看孩子手机并找老师和女生家长谈话，这种行为侵犯了孩子的隐私，破坏了孩子对父母的信任。孩子在这个年龄段正处于自我意识逐渐增强的时期，他们渴望得到尊重和理解。当父母的行为让他们感到不被尊重时，他们自然会产生抵触情绪，从而导致了亲子关系的恶化。

此外，小宇妈妈对孩子的期望过于单一，只关注学习成绩，而忽略了孩子的情感需求和社交需求。孩子不仅需要学习知识，还需要与同龄人建立良好的人际关系，发展自己的兴趣爱好。如果父母只强调孩子的学习，而忽视了孩子在其他方面的发展，孩子可能会感到生活单调乏味，缺乏乐趣。

那么，面对这种情况，家长应该怎么做呢？

首先，家长要尊重孩子的隐私，给予孩子足够的信任，不要随意翻看孩子的手机、日记等个人物品，让孩子感受到自己被尊重。

其次，家长要学会倾听孩子的心声，理解孩子的需求，当孩子遇到问题时，不要急于批评和指责，而要耐心地倾听他们的想法和感受，给予他们必要的支持和鼓励。

最后，家长要关注孩子的全面发展，不仅要重视学习成绩，还要关注孩子的情感需求、社交需求和兴趣爱好发展等，鼓励孩子参加各种活动，提高他们的综合素质。

同时，我们也应该认识到，孩子的成长是一个复杂的过程，需要家长、学校和社会的共同努力。家长要与孩子建立良好的沟通渠道，关注孩子的成长变化；学校要加强对学生的心理健康教育，培养学生的人际交往能力；社会要为孩子提供更多的健康活动场所和资源，丰富孩子的课余生活。只有三方共同努力，才能为孩子创造一个良好的成长环境，让他们成为有责任感、有担当、有爱心的人。

在思考孩子为何偏爱去同学家的原因时，我们也应该思考自己在亲子关系中的角色和责任。作为家长，我们不能仅仅关注孩子的物质需求和学习成绩，更要关注孩子的内心世界，给予他们足够的爱和支持。只有这样，我们才能与孩子建立起真正的亲密关系，陪伴他们度过人生的每个重要阶段。

七、小摩擦显真情——姿势风波

小学二年级的依依和潼潼因姿势问题引发的一场"风波"，为我们提供了一个深入思考亲子教育和儿童成长的生动案例。

周三和周四的早上，依依在该上学时突然说肚子疼，让妈妈帮忙请假。然而，在家休息的依依没有任何不适表现。妈妈了解到上周老师刚调了座位，让孩子们尝试自己选同桌,依依当时还满心欢喜地与妈妈分享了这份快乐,因为她终于可以和好朋友潼潼坐同桌了。依依性格内敛、安静,潼潼则活泼开朗。原本以为她们会度过一段美好的同桌时光,没想到出现了问题。

在依依请假的第二天晚上,妈妈与她聊天,试图了解一下情况。妈妈问道:"依依,你和好朋友潼潼做同桌,和以前有什么不一样吗?"依依沮丧地说:"妈妈,如果老师能让我们坐回原座位就好了。"妈妈敏锐地察觉到依依的烦恼,继续追问:"哎哟,感觉新座位带给依依一些烦恼呢,可以跟妈妈聊聊吗?"依依低声说:"潼潼总是提醒我握笔姿势不对,坐姿不对,我不喜欢她反复提醒我。"妈妈试图从正确的角度引导依依,说:"你的坐姿确实不对,妈妈在家也发现你有时候弯腰,还有你的握笔姿势,潼潼也是为了你好,帮你纠正错误。"依依却难过地哭了起来:"我知道,但是我不喜欢她总是提醒我,影响我听讲。"妈妈接着说:"那你告诉她你不喜欢,不就可以了吗?也不能不去上学啊!"依依坚持说:"我真的肚子疼,我不是不想去上学。"妈妈无奈地说:"我在家观察,你活蹦乱跳的,没啥问题啊!明天必须去上学。"结果,周五早上依依仍旧哭着说肚子疼,还是没去学校。

周日,妈妈担心依依周一还是不去上学,便给我打电话咨询。依依妈妈说:"老师,我看了很多书,我也在尝试与孩子共情,为啥没有效果呢?"我回应道:"您跟孩子前期的沟通了解了事情原因和过程,都非常好。您想想孩子被反复提醒是什么感受?"依依妈妈反思道:"我也复盘过,确实我太着急了,后边不该说教,趁机强调她的坐姿和握笔姿势问题。我也知道,让依依对潼潼说她不喜欢被频繁提醒这件事很难,她不太敢表达自己的想法,但是我不知道该怎么做引导。"我说:"不要沮丧,您的复盘很好,您能尽力做到与孩子共情,并且能够主动求助,非常好。"依依妈妈却依然在自责:"但是我还是没能帮到孩子,我觉得很内疚。"我安慰她道:"依依妈妈,能够在孩子遇到成长挑战时及时按下暂停键,不盲目逼迫孩子,不在孩子的痛点上雪上加霜,也是一种智慧。"

下午,依依妈妈带着依依来到咨询室。在与依依沟通后,我问依依:"依依,你握住我的手,用力气告诉我,潼潼反复提醒你这些事情,让你有多不舒服,可以吗?"依依非常用力地握着我的手,表达着她的不舒服。接着,我说:"依依,咱们来演示一下当时潼潼和你坐在一起时的场景,可以吗?"经过演示,再跟依依确认不舒服的程度。然后我说:"依依,你从沙盘架上选个人偶,当作潼潼。你想一想怎么跟她沟通,可以让她明白你不喜欢被频繁提醒。"依依选了一个人偶,怯怯地说:"我不喜欢你这样反复提醒我。"说完就流泪了。妈妈见状说:"常老师,您看我们家孩子就是这么胆小。"并转向依依:"依依,你大点儿声。"依依不知所措,停在那里。我赶紧说:"依依,不着急,你已经说得很好了,我们再来练习几遍,好吗?"依依经过几次练习,之后越来越自信,说:"老师,我现在已经比原来坐姿端正了,握笔姿势大部分时间都能做好。潼潼其实也是为了我好。"

周一晚上,依依妈妈打电话说:"常老师,依依今天回来很开心,没有再提潼潼提醒她坐姿和握笔姿势这些事,还分享了她们课间一起玩儿游戏的趣事。"

这个小小的"姿势风波"引发了我诸多思考。

首先,在孩子的人际交往中,即使是好朋友之间也可能会出现矛盾和摩擦。潼潼的出发点是好的,她希望帮助依依纠正握笔姿势和坐姿,但没有考虑到依依的感受,频繁地提醒让依依感到不舒服,甚至影响了听讲。依依知道潼潼是为了自己好,却不敢表达自己的真实想法,只能通过装病不去学校来逃避问题。这反映出孩子们在处理人际关系时还缺乏一定的技巧和能力,需要我们家长和老师的引导。

其次,依依妈妈的做法也值得我们深思。她在尝试与孩子共情的过程中,前期沟通做得很好,后来却因为着急而说教,强调依依的坐姿和握笔姿势问题,这无疑加重了依依的心理负担。然而,依依妈妈能够及时复盘,反思沟通过程,并主动求助,这是难能可贵的。我们家长也会犯错,但关键是要能够认识到自己的错误,并及时调整教育方式。

最后,通过这个事件,我们也看到了引导孩子正确处理人际关系的重要性。在咨询室中,通过模拟场景和反复练习,依依逐渐学会了如何表达自己的想法,增强了自信心。这不仅解决了她和潼潼之间的误会,也为她今后的人际交往打下了良好的基础。

这个小小的"姿势风波"虽然只是孩子们成长过程中的一个小插曲,但给我们带来了深刻的启示。我们要关注孩子在人际交往中的点滴变化,及时给予引

父母觉醒： 发现孩子的内在力量

导和帮助，让他们在小摩擦中学会理解、包容和沟通。同时，我们家长也要不断学习和反思，提高自己的教育水平，与孩子共同成长。

八 究竟谁的偶像更棒？

在青少年的成长历程中，偶像往往扮演着重要的角色。他们可能是歌手、演员、运动员，抑或是其他领域的杰出人物。偶像不仅给予青少年精神上的寄托和激励，还在一定程度上影响着他们的价值观和行为方式。然而，当不同的偶像崇拜发生碰撞时，又会引发怎样的故事呢？

李阳和王浩是邻居兼好友，二人从幼儿园到高中都同校，他们的友情历经了时间的考验，坚如磐石。

然而，最近他们的友情出现了一个新的变数——偶像崇拜。李阳受同学影响，成了一个热门偶像团体的忠实粉丝，他热衷于追随这个团体的动态，收集他们的照片和周边产品，沉浸在偶像带来的喜悦与激情之中。而王浩则更倾向于另一位实力派歌手，他被那位歌手的音乐深度和才华深深吸引，认为其作品更值得欣赏。

起初，二人的不同喜好并没有影响他们的友情，他们依然像往常一样相处，分享着生活中的喜怒哀乐。但随着社交媒体的普及，他们开始在网络上分享各自偶像的新闻和动态。李阳不断在朋友圈发布偶像的最新消息，向朋友们展示着自己偶像的魅力和才华；王浩则经常分享他心仪的歌手的演唱会视频，试图让更多的人了解和欣赏这位实力派歌手。

然而，一档综艺节目成了他们友情的转折点。在这个节目中，两个好朋友的偶像都参加了。李阳热情洋溢地描述着自己偶像的魅力和才华，眼中闪烁着崇拜的光芒。而王浩则试图阐述他为何更偏爱那位实力派歌手，言辞中充满了对其音乐品质的追求。随着讨论的深入，他们开始争论谁的偶像更有才华、更受粉丝欢迎。

这场争论逐渐演变成了激烈的争吵，双方都不肯退让。李阳觉得王浩保守，跟不上同龄人的审美，他无法理解王浩为何不能欣赏自己偶像的魅力。而王浩则认为李阳盲目追星，忽视了音乐本身的品质，他对李阳的追星行为感到失望。这场争吵最终导致了二人的关系开始疏远。他们开始各自为战，在社交媒体上互相贬低对方的偶像。原本亲密无间的伙伴关系，因为追星观点的不同而产生了裂痕。

在一次班级走访时，班主任向我反映了这件事儿。了解情况后，我给孩子们布置了一项作业：努力找出对方喜欢的偶像五个优点。这个作业看似简单，却蕴含着深刻的教育意义，旨在引导孩子们从不同的角度去看待他人的偶像，学会尊重和欣赏不同的价值观。

两个孩子在完成作业的过程中，逐渐放下了偏见，开始认真思考对方偶像的优点。他们发现，原来对方的偶像也有许多值得学习和欣赏的地方。李阳意识到，那位实力派歌手确实有着深厚的音乐功底和独特的艺术魅力；而王浩也看到了热门偶像团体的成员们在舞台上的努力和付出，以及他们对粉丝的关爱。

通过这次作业，两个孩子不仅重新认识了对方的偶像，也更加深刻地理解了友情的真谛。他们明白，友情不应因为观点的不同而破裂，而应该在相互尊重和理解的基础上不断发展。他们事后总结道："遇事不能简单地非黑即白，尤其是追星，我们要学习偶像的优点，但不要盲目放大偶像的优点。"

偶像崇拜是青少年成长过程中的一种正常现象，它可以激发青少年的梦想和追求，给予他们前进的动力。如果偶像崇拜失去了理性和节制，就可能对青少年的身心健康产生负面影响。

在这个案例中,李阳和王浩的争吵源于他们对各自偶像的过度热爱和执着。他们将自己的偶像视为完美无缺的存在,无法接受他人对自己偶像的贬低。这种盲目追星的行为不仅一度破坏了他们的友情,还曾影响了他们的价值观和判断力。

因此,家长和老师在引导青少年偶像崇拜时,应该注重培养他们的理性思维和批判精神,让他们明白,偶像也是人,也有优点和不足。我们应该以客观、理性的态度去看待偶像,学习他们的优点,而不是盲目崇拜和浅层次模仿。同时,也要教育青少年应该尊重他人的偶像崇拜,学会在不同的观点中寻找共识,共同成长。

青少年应该不断提高自我认知和自我管理能力,在追星的过程中要保持清醒的头脑,不为偶像的光环所迷惑,要学会从偶像身上汲取正能量,激励自己不断进步。同时,也要珍惜身边的友情,不要因为追星而无视朋友的感受。

总之,偶像崇拜是一把双刃剑,它既可以给青少年带来积极的影响,也可能带来负面的后果。我们应该正确引导青少年崇拜偶像,让他们在追星的过程中学会理性思考、尊重他人、珍惜友情,从而健康快乐地成长。

九、选"三好"的故事

在孩子的成长过程中,诸多看似平常的校园事件,往往蕴含着深刻的教育

意义和值得家长深思的问题。小学六年级学生满满亲历的"选三好"的故事，便是这样一个引人深思的案例。

放学路上，满满向妈妈透露了周五即将进行三好学生评选的消息。妈妈关切地询问满满是否参加竞选，满满毫不犹豫地回答要参加，并且提到班级里有许多同学都准备参与竞选，其中涛涛和晓杰甚至开始了拉票行为。

妈妈对"拉票"这个现象表现出了疑惑，满满进一步解释道，班级里好几名同学都在拉票，而在满满看来，与自己旗鼓相当的只有涛涛和晓杰。他自信地认为，如果公平竞争，自己应该能获得比他们更多的选票。妈妈接着询问满满是否也拉票了，满满坚定地表示自己没有拉票，因为老师明确说过：大家要公平竞争。

此时，满满妈妈心境复杂。一方面，她为孩子坚持原则感到欣慰，觉得孩子听从老师的话是正确的。另一方面，她又担心孩子如果因为这种情况而落选，心理会受挫，进而焦虑孩子过度听老师的话，以后踏入社会会吃亏。这种矛盾的心理反映出了当下许多家长在教育孩子过程中所面临的困境：我们既希望孩子坚守原则，拥有高尚的品德，又担心孩子在现实的竞争中处于劣势，无法获得应有的荣誉和机会。

满满妈妈向我倾诉了自己的困惑。我很理解满满妈妈的纠结，这是很多家长朋友面临的共同问题，既想要孩子坚守原则，又想要孩子在竞争中脱颖而出。

满满妈妈感慨道："常老师，您知道吗，每当这个时候我就会陷入自相矛盾之中，跟孩子滔滔不绝地说了很多，但是自己说这么多的目的究竟是什么，好像自己都不太明白。我就感到很无助，就在想别人的妈妈会不会智慧一些。"我安慰满满妈妈道："您的这些感受背后全是对孩子的爱，因为爱所以希望孩子好，希望孩子好上加好。"满满妈妈接着问道："常老师，如果是您，您会怎么做？"我分享了自己与孩子沟通的一个原则——保持好奇心。我表示会好奇孩子是如何发现同学拉票的，会进一步跟孩子讨论他的同学为什么会拉票，但不会替孩子"做总结"或"给建议"。同时，我还分享了我女儿竞选"三好"而落选的故事，以及女儿为此写的一篇作文——《美丽的失败》。

满满妈妈后来反馈:"常老师,我用您说的办法和孩子进行了讨论,孩子观察得很仔细,大概说了几点:①并不是很确定同学在拉票,同学只是说希望别人选他。②发现这两名同学的沟通能力比自己强。③这两名同学渴望评上'三好'后,能从爸爸妈妈那里获得礼物。"

我们常常面临着原则与现实的冲突。我们希望孩子坚守道德原则,做一个正直、善良的人,又担心孩子在现实的竞争中受到伤害。然而,我们不能因为这种担忧而放弃对孩子原则的培养。坚守原则是孩子成长的基石,它能够帮助孩子树立正确的价值观,培养良好的品德。同时,我们也不能忽视孩子在现实生活中面临的挑战,要引导孩子学会在坚持原则的基础上,灵活应对各种情况。

对于孩子在评选三好学生过程中遇到的拉票现象,我们不能简单地以对错来评判。一方面,拉票行为确实违背了公平竞争的原则,可能会对其他同学造成不公平;另一方面,我们也可以从孩子的角度去理解他们的行为,孩子们可能是出于对荣誉的渴望,或者是受到了家庭环境的影响。我们可以与孩子交流,让他们明白拉票行为的不当之处,同时也引导他们学会通过自己的努力和优秀表现来赢得他人的认可。

此外,我们还应该关注孩子在面对竞争和挫折时的心态。满满妈妈的担忧反映出了很多家长对孩子挫折教育的重视。孩子不可能一直在一帆风顺的环境中成长,我们应该让他们学会如何面对失败和挫折。当孩子落选时,我们可以引导他们从失败中吸取教训,发现自己的不足之处,从而更加努力地提升自己。同时,我们也要给予孩子足够的支持和鼓励,让他们感受到无论结果如何,父母都是他们坚强的后盾。

在教育孩子的过程中,我们常常会陷入各种困惑和矛盾之中。但是,只要我们始终以爱为出发点,保持对孩子的好奇心,尊重孩子的感受和想法,我们就能够在原则与现实之间找到一条适合孩子成长的道路。我们要相信孩子的能力,让他们在面对各种挑战时学会独立思考,做出正确的选择。只有这样,我们才能培养出既有原则又有智慧的孩子,让他们在未来的人生道路上走得更加稳健。

十 诚信考试中作弊的小伙伴

对青少年而言，培养正确的道德观念与确立明确的是非判断能力至关重要。初三男生承志所经历的一场考试风波，为我们提供了一个深入思考教育方式与青少年价值观培养的契机。

初三时，承志的学校推行诚信考试，没有老师监考。这本是对学生诚信品质的一次考验与培养，然而在开学摸底测验中，承志却发现同学奕诺在物理、化学考试时偷查资料，在英语考试时抄同学选择题的答案。成绩公布那天，原本成绩没有承志好的奕诺超过了承志，承志心里很不舒服。

放学回家后，面对爸爸妈妈的询问，承志倾诉道："我本来可以考得更好一些，是有同学作弊，我才被超越的，特别是奕诺，三个学科都作弊。"

承志爸爸却回应道："那还是你学习得不够好，如果你学习得足够好，他怎么作弊也超不过你。你不要为自己考不好找理由。"

承志坚持说："如果他们都不作弊，我至少可以提前3个名次。"

承志爸爸再次强调："没考好就是没考好，我们不奢求你考多么好的成绩，但是我们希望你有积极的态度，不要遇到问题就从外部找原因。"

承志愤怒地表示："就是因为他们作弊，我的成绩才退步的，明天我去找老师，举报他们。把他们成绩作废了，我的名次就提升了，至少可以回到原来的名次。"

承志爸爸则担忧道："中考又不看你们学校的名次，你纠结现在的名次有什么用，你去举报同学，多伤同学自尊啊。如果学校给同学处分，还会伤害同学关系。你怎么一点儿包容之心都没有，不要因为自己一时冲动，让同学背上处分。"

承志愤怒地质问："您说，他们作弊是不是错了？"

承志爸爸回答："当然是错的。"

承志接着问："犯了错是不是应该为自己的错误买单。"

爸爸说："是的。但是你要考虑这次考试就是一次校测。你知道自己的问题出在哪里就可以了，没必要伤害同学关系。"

承志又问："爸爸，你们警察为什么让群众给你们提供破案线索，为什么让群众举报犯罪行为？"

爸爸说："那是因为他们对他人造成了伤害。"

承志反驳："学生时代小错不纠正，酿成大错后等着你们警察教育不晚了吗？"

承志爸爸在后来的咨询中表达了自己的困惑："常老师，教育孩子时要不要黑白分明，我们孩子总在这样的小事上纠缠。我特别担心他踏入社会后会吃亏。我该怎么引导呢？"

面对承志爸爸的疑问，我说："跟孩子交流时，如果沟通内容让您担心，要区分是自己的想象还是事实。孩子倾诉同学作弊这件事是事实；孩子成绩不好抱怨外部环境，孩子投诉伤害同伴关系，进而担忧孩子未来原则性太强，会破坏人际关系，这些都是想象。"

承志爸爸追问："您说这个我明白了，但是我还是不清楚到底该不该同意他去举报同学呢。"

我回应道："答案不在咱们这里，孩子会做选择，只要是孩子的真实经历，孩子选择了就有收获。我以前遇到的很多类似案例，有孩子去找老师反馈情况，但是请求老师只进行批评教育，不要处分同学；有的孩子通过思考发现，同学因为学习压力大、着急考好而作弊，对同学多了份理解，但是不认可同学的行为；有的孩子直接跟同学沟通，相约'比学赶帮超'……孩子们能想出的答案超出我们的预期。"

在面对是非问题时，家长容易陷入两难境地，既希望孩子坚守原则，又担心孩子因过于坚持原则而在人际关系中受挫。然而，我们不能简单地以成人的思维去评判孩子的行为，而应该给予他们足够的空间去思考和选择。

孩子在遭遇挫折、困难、沮丧、难过等情绪时，家长不要着急下定论，要充分接纳他们的情绪，孩子才能够向父母表达自己的真实想法和感受。

对于承志来说，他对同学作弊行为的愤怒源于他内心的公平感和正义感。在他看来，作弊是错误的行为，犯了错就应该承担后果。这种观念本身并没有错，它体现了承志对诚信的重视和对规则的尊重。然而，承志爸爸的担忧也并非没有道理。在现实社会中，过于坚持原则可能会给自己带来一些麻烦，学会包容和理解他人也是一种重要的品质。

那么，在这种情况下，家长应该如何引导孩子呢？

首先，家长应该认真倾听孩子的想法，理解他们的感受。承志之所以对同学作弊如此愤怒，是因为他觉得自己的努力被不公平地对待了。家长应该肯定孩子的努力和对公平的追求，同时也要引导孩子从不同的角度去看待问题。例如，家长可以和孩子一起探讨同学作弊的原因，是因为学习压力太大，还是缺乏正确的学习方法？通过这样的讨论，让孩子学会理解他人的处境，培养他们的同理心。

其次，家长可以引导孩子思考不同的解决方式及其后果。举报同学固然可以维护考试的公平性，但也可能会伤害同学关系。家长可以和孩子一起分析各种选择的利弊，让孩子自己权衡，做出决定。在这个过程中，孩子不仅可以学会如何做出正确的选择，还可以培养他们的责任感和独立思考能力。

最后，家长应该鼓励孩子在坚持原则的同时，学会灵活处理问题。诚信是一种重要的品质，但在现实生活中，我们也需要学会在不同的情况下做出适当的妥协。例如，孩子可以选择与同学私下沟通，表达自己对作弊行为的不满，同时也鼓励同学通过努力学习来提高成绩。这样既可以维护自己的原则，又能避免伤害同学关系。

在教育孩子的过程中，我们不能简单地要求他们非黑即白，而应该引导他们学会在复杂的现实中做出正确的选择。通过倾听孩子的想法，我们可以引导他们思考不同的解决方式，鼓励他们在坚持原则的同时学会灵活处理问题，帮助他们树立正确的价值观、培养责任感、形成独立思考的能力，让他们在成长的道路上更加自信、成熟。

定制程序

1. 当孩子向您抱怨同伴的不当行为时，先耐心倾听他（她）诉说一下具体过程，再启发/询问如何以积极的方式应对或解决。

2. 当孩子因与同伴发生冲突而情绪激动时，先应照顾孩子的情绪，等孩子冷静下来再沟通具体事情。

3. 当孩子遇到与好朋友交往中的小挫折时，比如偶尔的误解或冲突，多关注少干预，多引导少替代。

4. 当孩子参与团队活动时，少提醒，多观察。

5. 当孩子反馈得到同伴赞美和欣赏时，多从正面回应，做不扫兴的家长。

05

社 会 篇

社会就是大课堂
——合力促进绽放成长之花

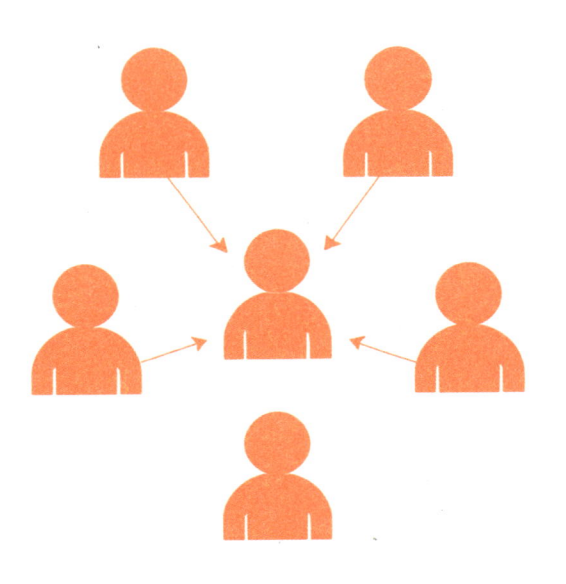

我问您答？

孩子在接触社会的过程中,特别是看到社会呈现出的不同层面时,常会产生困惑和思考。作为家长,该如何引导孩子正确看待种种社会现象呢?

➢ 孩子说:"很多大学生也找不到工作,读书有什么用?"您会说:_____
  ☐ 别这么说,大学生还是比没有学历的人好找工作。
  ☐ 别总关注这些没有用的,多去关注一些积极的信息。
  ☐ 现在找工作确实不易,但读书能让我们有更多选择。
  ☐ 是啊,考上大学也不一定能找到工作。
  ☐ 找工作的确不易,但不断学习可提升自己,能增加找到好工作的机会。

➢ 孩子羡慕地说:"看那个明星,年纪轻轻就出名了。"您会说:_____
  ☐ 别想了,你是成不了明星了,那需要运气。
  ☐ 别关注这些,你没有人家的天赋。
  ☐ 出名确实好,但你知道明星背后的辛苦吗?
  ☐ 出名是一种成功,但还有很多方式的成功,比如成为专业人士。
  ☐ 出名确实令人羡慕,找寻你真正热爱并擅长的事情,然后我们一起想办法去实现梦想。

➢ 孩子说:"听说做游戏直播很赚钱,我也想做游戏直播。"您会说:_____
  ☐ 游戏直播怎么可能赚钱?别瞎想了!
  ☐ 对啊,你也去做游戏直播吧,肯定能赚钱!
  ☐ 直播看似轻松,其实背后有很多辛苦,你知道吗?
  ☐ 有些人做游戏直播确实赚了钱,但也有很多失败的。成功需要努力和机遇。
  ☐ 如果你对游戏有热情,我们可以想想怎么把它变成一种可持续的职业发展道路,而不仅仅是短暂的直播赚钱。

社会篇 05

社会就是大课堂——合力促进绽放成长之花

调研数据

根据《北京市朝阳区家庭教育状况调查报告（2020）》的数据，仅有19.81%的孩子对当前及未来的学习、生活、职业有明确的规划；86%的家长与孩子的对话内容主要聚焦于学习、校园生活或班级事务，此类沟通内容可能使追求独立自主的孩子产生沉重感和压抑感，甚至可能诱发孩子情绪或行为上的逆反。

针对孩子沉迷游戏的问题，56%的家长会探究其深层原因，并调整与孩子的关系和沟通方式。仅有29.72%的孩子会经常就书籍、杂志、新闻、电影等对父母发表个人见解。高中生与家长之间的交流正逐渐减少，关注点已不再局限于获得父母的认同，而是更多地转向同伴关系和其他社会环境。

中国互联网络信息中心（CNNIC）2023年12月发布的《第五次全国未成年人互联网使用情况调查报告》显示，2022年我国未成年网民规模已达1.93亿，未成年人互联网普及率高达97.2%。如图5-1，未成年网民在互联网上从事学习活动的整体情况良好；如图5-2，未成年网民对于上网和学习的主观看法日趋正面，这与家长长期以来的忧虑形成了鲜明对比。

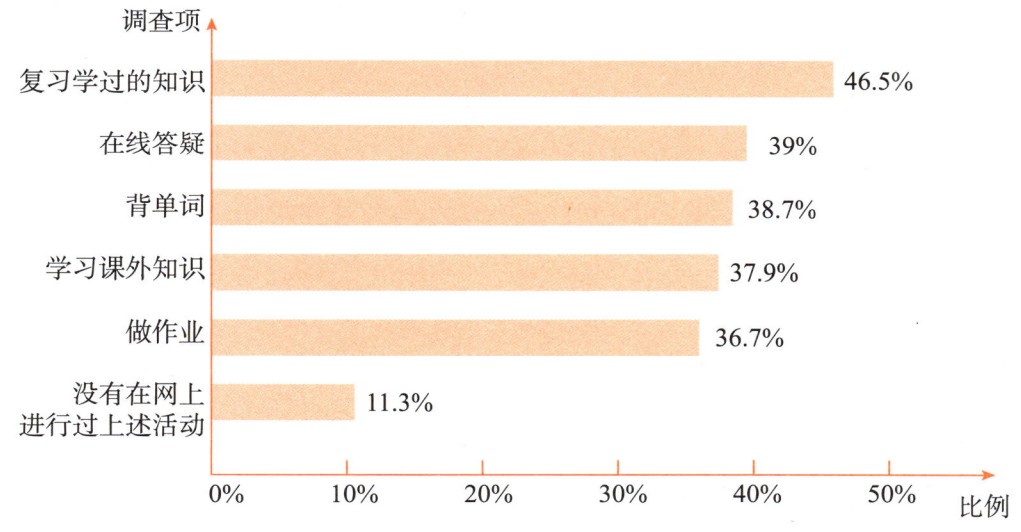

调查项	比例
复习学过的知识	46.5%
在线答疑	39%
背单词	38.7%
学习课外知识	37.9%
做作业	36.7%
没有在网上进行过上述活动	11.3%

图5-1　未成年网民在互联网上从事学习活动的整体情况

父母觉醒：发现孩子的内在力量

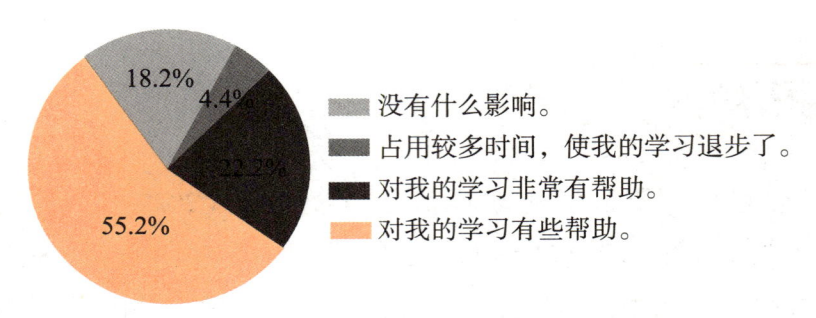

图 5-2　未成年网民对于上网和学习的主观看法

- 没有什么影响。18.2%
- 占用较多时间，使我的学习退步了。4.4%
- 对我的学习非常有帮助。22.2%
- 对我的学习有些帮助。55.2%

💡 日常情境

孩子的成长本质上是一个持续不断的社会化过程。家庭、学校、同龄群体、网络和传媒等在这一过程中都扮演着重要的角色。在家庭中，父母通过言传身教传递价值观和道德规范；学校通过系统的教育传授知识和文化；同龄人之间的互动交流让孩子们接触到不同的观点和生活方式；网络和传媒则利用其广泛的传播力，将各种社会文化信息呈现给孩子们。在这个社会化的过程中，孩子们逐渐构建起自己的人生观、世界观和价值观，从懵懂的"生物人"一步步转变为相对成熟的"社会人"。

同时，孩子们的个性也在社会化过程中逐渐形成和完善。家庭的关爱与教育塑造了孩子们的基本性格特点；学校的培养和引导帮助他们发展个人的兴趣爱好和才能；同龄群体的影响教会他们如何与人相处与合作；网络和传媒为他们提供了广阔的视野，激发其创造力和想象力。正是这些社会条件的共同作用，使孩子们逐渐形成了独特的个性，并成为具有独立思考能力和社会责任感的"社会人"。

然而，孩子们在与社会接触的过程中，常常会遇到挫折和困难。或许我们都应该学会一门重要的功课：耐心等待——等待孩子们略显稚嫩的脚步，等待他们仍在探索的心灵。只有在这份恰到好处的等待中，孩子们才能真正按照各自的节奏，绽放出属于自我的、独一无二的成长之花。

社会篇 05

社会就是大课堂——合力促进绽放成长之花

一、在成长路上，要学会"等一等"

孩子们在交友能力上展现出显著的差异。一些孩子似乎天生就散发着光芒，他们外向、开朗、热情洋溢，充满活力，总是能够积极地参与各种群体活动，并且无论身处何地，都能迅速成为众人瞩目的焦点。相对地，另一些孩子则显得较为内向，他们在社交场合中通常保持安静，感到羞涩，甚至有些胆怯，这使得他们在同龄人中的存在感较低。

古希腊医生希波克拉底将人的气质分为四种类型：胆汁质、多血质、黏液质和抑郁质。每种气质类型都具有其独有的特征。

胆汁质的孩子以直率和坦诚著称，他们内心的热情如同熊熊燃烧的火焰，精力似乎无穷无尽。然而，这种特质也伴随着易冲动和急躁的倾向，就像奔腾的河流，虽然气势磅礴，但有时也会因流速过快而失去控制。

多血质的孩子则表现得活泼好动、反应敏捷，对周围世界充满了好奇并热衷于交际。但是，他们的热情往往缺乏持久性，耐性不足使得他们在面对需要长期坚持的任务时，可能会感到力不从心。

黏液质的孩子给人的第一印象通常是安静和稳重。他们宛如静谧的湖水，波澜不惊，善于忍耐，在喧嚣的世界中能够保持内心的平静。但是，他们的反应相

163

对缓慢，在社交互动中需要更多时间来思考和回应，这使得他们在一些节奏较快的交流情境中可能会感到吃力，进而削弱了他们在同龄人中的存在感。

抑郁质的孩子性格孤僻，行动迟缓，仿佛深山中独自绽放的花朵，默默散发着自己的芬芳。他们多愁善感，内心世界丰富而细腻，善于觉察那些被他人忽略的细节。这种特质使他们对周围的环境和人际关系有着更深刻的感知，但也可能因此更容易受到外界因素的影响，产生情绪上的波动。

11岁的尧尧展现出了典型的黏液质性格特征。初次与她相遇，她那股内敛和谨慎的气质便迎面而来。在与我交谈时，她总是会经过长时间的停顿，深思熟虑后才会开口。在与人日常交往中她亦是如此，更倾向于聆听和观察。当其他孩子热情地参与讨论和游戏时，她通常静静地站在一旁，互动时需要更长的时间来做出反应。尤其在需要快速回答或参与讨论的场合，她感到有些跟不上节奏。她感到自己与周围环境格格不入，尽管内心渴望融入，却不知如何改变。

为了帮助尧尧提升社交技能，我根据她的个性特点，特别设计了一系列适合她的社交模拟场景，角色扮演游戏成为其中的关键工具。在这个模拟的社交环境中，尧尧有机会练习打招呼、展开对话以及表达自己的观点。每次角色扮演对她来说都是一次挑战，也是一次成长的机遇。

游戏伊始，尧尧会小心翼翼地尝试与"虚拟"的伙伴交流。她虽然紧张，却依然在努力适应这个环境。她开始主动与其他"角色"打招呼，起初可能只是简单地说出"你好"，但随着游戏的深入，她逐渐掌握了更多的开场白技巧，比如询问对方的兴趣爱好，或是分享自己最近的小发现。

每次模拟活动结束后，我都会与尧尧一起回顾她的表现。我首先会给予她充分的肯定，例如指出她主动打招呼时声音很响亮，或是她提出的关于绘画的话题成功地吸引了他人的兴趣，让她明白自己的每一点进步都值得骄傲。随后，我会针对她在过程中产生的问题提出改善建议。通过持续的练习和反馈，尧尧的社交能力和自信心正在逐步提升。

像尧尧这样的孩子，往往习惯于被动等待，这种现象让家长看在眼里，急在心里。当家长征询孩子的意见时，尽管他们内心有想法，却因胆怯而不敢表达；与同伴做游戏时，他们同样不敢袒露真实感受。这些情况可能由多种因素造成，可能是孩子天性使然，他们担心出错或不被接受，因此需要更多时间来整理思绪和语言；也可能是家庭环境的影响，例如家长过于严厉，孩子经常受到批评和指责；或者是家长过分包办，导致孩子缺少自主表达和决策的机会；甚至家庭中的矛盾和不和谐也可能使孩子变得敏感、胆小，不敢在外界展示真实的自我。

当家中有客人来访，有的孩子会因紧张而沉默不语。一些家长为了所谓的面子和礼貌，会在客人面前催促孩子打招呼。然而，这种做法可能会让孩子更加紧张和抵触。我们必须认识到，并非所有孩子都能迅速适应社交场合，他们可能还未准备好面对这样的环境。

对于像尧尧这样的孩子，我们需要密切观察他们的行为，给予他们更多的耐心和理解，避免急切催促。在陪伴孩子的过程中，我们要多一些等待，少一些追问，让孩子按照自己的节奏慢慢成长，不要给他们过多压力；多给予鼓励，让他们明白每次尝试和努力都被家长看见和认可；减少批评，避免让孩子因害怕犯错而畏缩不前。

人生并非一场单一路径的赛跑，每个孩子都有其独特的成长路径。或许并非是孩子不够优秀，而是我们作为家长有时过于急躁，缺乏耐心去等待他们绽放光芒。我们应该尊重孩子的个性和成长节奏，让他们在一个充满理解和支持的环境中，逐渐建立自信，勇敢地走向社交舞台，展现自己独特的魅力。无论是外向还是内向，孩子都有自己的优点和潜力。我们的任务是帮助他们发现并发挥这些优势，让他们在成长的道路上健康、快乐地前行。

二、莫让孩子成为"众矢之的"

"人非圣贤，孰能无过。"即便已是成年人的家长，也难免会犯错，更何况那些尚处于懵懂之中的孩子!

小光妈妈找到我诉说苦恼:"由于健康状况不佳,我需要频繁前往医院接受治疗,因此无法工作。孩子爸爸是一位普通职员,因此我们全家的希望都寄托在小光身上,希望他能更加懂事。然而,他总是沉迷于游戏,对我的管教置若罔闻。有一次,我甚至被他气得血压飙升,不得不紧急入院。我的公公婆婆前来帮忙,他却对老人不敬。小时候,他由姥姥姥爷带大,那时他还会关心他们,听他们的话,但现在,连他们的电话也不接了。有时,他的小姨和姑妈会尝试劝说他,但似乎也无济于事。由于他的这些问题,他爸爸现在也无法安心工作。"

小光也有自己的委屈:"我感觉自己成了家里的罪人——妈妈生病是因为我表现不佳;姥姥姥爷见到我总是责备我不听妈妈的话;爷爷奶奶为我们做饭、照顾妹妹,也总是说爸爸多么不容易,让我努力学习。生活对我来说太沉重了,不仅爸爸妈妈、爷爷奶奶、姥姥姥爷责备我,连亲戚们也总是教训我,现在连刚上幼儿园的妹妹都会模仿大人的语气来教育我。我感到极度痛苦,甚至用刀片自残,他们却说我任性不懂事!似乎没有人真正关心过我的感受,我为什么要关心他们的感受?!我学习不好,难道我不想学得更好吗?!当妈妈住院时,我一个人躲在被窝里哭泣,又有谁知道?!爸爸工作辛苦,家里经济紧张,我连周末都舍不得和同学出去玩,又有谁知道?!每个人都说是为了我好,但我只感到家是一种窒息……"

小光感到自己成了全家人的"众矢之的"。尽管他有时也会心疼家人,但在不断的指责下,他开始变得叛逆。当他用极端的方式表达痛苦时,家人却指责他不懂事,完全忽视了他内心的委屈和压力。家庭的期望与压力若处理不当,可能会使孩子不堪重负。尽管家人声称一切都是为了孩子好,但他们并未真正关注孩子的内心感受,导致孩子在家中感受不到温暖,亲子关系变得紧张。家庭教育不能只是施加压力,关注孩子内心的需求才更为重要。

小达家也发生了激烈的父子冲突。小达坦诚地对我说:"我承认反击父亲是我不对,但没有人关注在那之前发生了什么。他不仅摔了我的手机,还删除了我电脑里十万字的小说初稿,斥责我不务正业,侮辱我的作家梦想!我只是表达了对他这些行为的不满,冲动之下称他的行为为'土匪行径',他就开始打我。他的行为真的让我感到绝望,我随手抓起桌上的水果盘,没想到自己会用它伤害到他。那一刻我也被吓呆了,随后我陪他去了医院,并向他道歉,但他不仅没有原谅我,还把这件事弄得尽人皆知,我成了一个'坏孩子'。"

小达爸爸既气愤又无奈地说:"刚上初三就敢对我动手,将来怎么管教得了?我承认我的脾气不好,但我的所作所为都是为了他好!我弟弟是他们学校的校长,我让他与孩子沟通,他也表示这孩子难以说服。我又安排孩子最敬佩的表姐与其交谈,也没有效果。"

小达反驳说:"父亲召集了一群人来证明是我的错误。既然大家都认为我错了,那我就这样吧,他们最好早点放弃我……"

在这个案例中,小达的父亲也承认自己脾气暴躁,但当儿子采取了反抗行为时,他急于证明是儿子的错误,并试图通过多人劝说来解决,却未曾考虑孩子反抗行为背后所隐藏的委屈和愤怒。小达的父亲只关注了儿子的反抗态度,而忽略了自己的行为可能对孩子造成的伤害。在不被理解、遭受众人指责的环境中,小达感到心灰意冷,产生了"破罐子破摔"的消极想法。

这一案例凸显了家庭教育中的一个重要问题:**家长不能仅凭自己的意愿来**

强制要求孩子，而应该首先去了解孩子行为的真正原因，尊重孩子的感受。家庭教育绝不仅仅是施加压力和纠正错误，更关键的是要深入孩子的内心世界，给予他们理解、尊重和关爱。

三、学习困难门诊真能"药到病除"吗？

2022年5月13日，首都儿科研究所保健科隆重推出"学习困难"门诊。时至今日，该门诊在挂号平台上经常显示为"约满"或"无号"，这充分显示了其受"追捧"的程度。

当孩子在学习上遇到困难时，许多家长会寻求"学习困难"门诊的帮助，希望它能开出解决孩子问题的灵丹妙药，期待医生能提供一个神奇的解决方案，使孩子迅速回归到他们所向往的"理想状态"。但是，"学习困难"门诊真的能从根源上解决孩子的问题吗？这背后可能反映了我们对家庭教育本质和孩子成长规律的诸多误解。

辰辰是一名初中生，在学校进行的心理健康普查中，被发现存在抑郁倾向。因此，老师将他列为特别关注对象，并注意到他经常穿着长袖衣服，似乎有意遮盖自己的手臂。通过与辰辰的同桌和朋友的交流，心理老师得知辰辰有自残行为。心理老师在与辰辰的深入交流中,了解到辰辰的妈妈对他的学业有着极高的期望,并经常因为成绩不佳而责备他。在辰辰五年级时,辰辰的妈妈因为他未能被评为"三好学生",而怀疑评选过程不公,并对班主任的评选方案公开表示不满,此举在学校引起了不小的震动。为了缓解紧张局面,学校最终调整了班主任的岗位。辰辰感到,由于母亲的行为,同学们开始有意疏远他。升入初中后,母亲对他的学业要求变得更为严苛,辰辰感到越来越无助和绝望,自残行为已经持续了半年之久。

学校与辰辰的母亲进行了沟通,希望她能了解孩子的情况。辰辰的母亲表示,自从孩子升入初中,学业压力明显增大。她曾带孩子看过"学习困难"门诊,尽管医生建议要更多关注孩子的心理状态,但她并未给予足够的重视。直到亲眼看到孩子手臂上的伤痕,母亲才意识到问题的严重性。随后,她带孩子前往医院的心理科就诊,医生诊断辰辰患有重度抑郁症,并建议服用药物治疗。然而,母亲又对药物可能对孩子成长产生的影响感到担忧……

辰辰的妈妈对辰辰学业的严格要求和不恰当的处理方式,给辰辰带来了沉重的心理压力。在发现辰辰自残行为后,妈妈首先想到的是寻求医疗帮助,经过诊断,辰辰患有重度抑郁症,需要药物治疗。然而,妈妈又开始担心药物的副作用可能对孩子的健康产生影响。这一连串反应映射出家长在面对孩子心理问题时的焦虑和处理问题时的片面性。

家庭教育不应该仅仅局限于对学业成绩的严格要求,更应该关注孩子的内心世界和情感需求。家长的每个行为、每种态度的展现,都在潜移默化中影响着孩子的心理发展。如果家长持续施加压力,而忽视与孩子的情感沟通,孩子的心理健康很容易受到损害。即使医院能够提供诊断和治疗方案,如果问题的根源没有得到妥善处理,孩子仍将难以真正摆脱心理阴影。

小焕经常以腹痛、头痛等身体不适为借口,请求家长为其请假,以达到不上学的目的。家长带他前往医院的消化内科以及心理门诊进行了详尽的检查,但检查结果显示一切正常。因此，家长开始怀疑孩子是在假装生病、逃避上学，同时感到困惑：既然孩子身体健康，为何学业成绩不尽如人意，还时常与家长发生冲突？

这或许并非偶然。家长若未能与孩子建立有效的沟通渠道，仅仅停留在对孩子行为表象的主观臆断上，而未深入探究背后的原因，便容易轻率地给孩子贴上负面标签。孩子可能在学校面临学习压力、人际关系等难题，却不知如何向家长倾诉，只能通过"装病"来表达内心的逃避与抗拒。

这个案例提醒家长不应仅凭表象就轻易对孩子的行为作出结论，而应用心倾听、理解孩子的感受，营造一个包容、信任的家庭氛围，以便真正走进孩子的世界，找到问题的根源并助力其健康成长。

果果爸爸：医院的医生似乎不够尽责。我家孩子写作业总是拖拖拉拉，常常熬到深夜，结果成绩却不理想。我怀疑孩子可能有学习障碍，于是带他去医院进行了检查。经过一系列的量表测试，医生的结论是孩子一切正常，他们认为我过于焦虑和急躁了。

家长常常倾向于将孩子塑造成自己期望的模样，却忽略了自己可能存在的问题。当确认孩子在生理和心理上都没有问题时，许多家长却还是不断强调是孩子的问题，而没有意识到这种做法只会加剧亲子关系的紧张。在这种情况下，我们应该改变观察的角度，更多地关注孩子表现出的优点，将孩子的本质看得比所谓的"问题"更为重要。

亲子关系是教育的基础，只有优先维护好这份关系，孩子才更愿意与我们沟通，并接受我们的指导。 然而，当孩子确实存在一些问题时，情况就变得更加复杂。虽然药物治疗可以起到一定的干预作用，但它绝不是解决问题的唯一方法。家长的耐心陪伴和包容才是解决问题时不可或缺的关键因素。在心理困境中，孩子最需要的是家庭的温暖和理解。同时，仅靠家庭一方的努力也是不够的，还需要医院、学校等社会各方的共同努力，共同营造一个和谐的教育环境，这才是真正帮助孩子走出困境的有效方法。

四、"忆苦思甜"教育有效吗?

家长总是在绞尽脑汁地摸索各种能让孩子茁壮成长、明事懂理、知道感恩的教育方式,其中"忆苦思甜"式教育被不少家长奉为法宝,试图通过讲述往昔的艰苦岁月,让孩子在对比中珍惜当下的幸福生活,懂得努力奋斗的意义。然而,这种看似颇具深意的教育方式,真的能如家长所愿,在孩子心里种下感恩与奋进的种子,结出理想的教育硕果吗?

案例1

刚放学回到家,晓峰便急切地跑向正在厨房忙碌的妈妈。

晓峰满怀期待地说:"妈妈,学校规定必须穿校服,但鞋子可以自选。我的好朋友小喻买了一双特别酷的鞋,我也想买一双一模一样的,穿上一定很帅!"

晓峰妈妈眉头紧锁,停下手中的工作,转过身来注视着晓峰:"你总是想着和同学比吃比穿,怎么不把精力多放在学习上呢?净想这些无关紧要的事。"

晓峰顿时愣住,情绪变得激动:"您自己买包可以花几百甚至上千元,我只想买双鞋子,怎么就成了攀比呢?"

晓峰妈妈提高了音量,显得有些生气:"我小时候上学,穿的都是姥姥做的布鞋,直到高中才有了第一双运动鞋。你现在条件好了,却不懂得珍惜。等你自己挣钱了，想买什么我都不管，但现在你花的每一分钱都是爸爸妈妈辛苦赚来的。"

晓峰带着委屈和不满的声音说："您上学那是很久以前的事了，现在情况完全不同了。我不过是想要一双自己喜欢的鞋子，这又不是什么过分的请求。"

话音刚落，晓峰就气呼呼地冲进自己的房间……

妈妈担心孩子会因攀比而过度消费，试图通过"忆苦思甜"的方式教育孩子。但在孩子看来，这似乎是父母在控制他们的生活，只是父母拒绝满足孩子需求的借口。

案例2

晚饭后，小轩一家悠闲地坐在客厅里。小轩的父亲靠在沙发上，带着怀旧的神情说道："你们现在的生活真是幸福，一个班级只有30个学生。在我上学时，一个班里有90个学生，教室里挤满了人，坐在后排的同学几乎听不清老师的声音。"

小轩手里摆弄着玩具，听到这话感到难以置信："一个班怎么可能有90个学生呢？您是在说报告厅吗？难道你们老师上课时不用扩音器吗？"小轩认为父亲的话有些夸张。

小轩的父亲认真地回答："就是普通的教室，哪里有扩音器啊。而且那时候条件艰苦，夏天没有空调，冬天没有暖气。"

小轩越发感到难以置信："为什么学校不安装空调和暖气呢？如果我在那样的教室里，肯定无法专心学习。"

小轩的父亲无奈地笑了笑："那时候的条件哪能和现在相比，能有学上就已经很幸运了，哪里还敢奢望这些。"

家长用自己的过去与孩子现在的条件相比较，这种差异让孩子难以理解。

案例3

在暑假期间，学校精心策划了一次富有教育意义的社会实践活动，旨在让学生们参观并了解不同地区的学校环境。一天，同学们踏上了他们的第一站——××中学。

晓阳随着队伍步入××中学的食堂，一进门便惊讶地停下了脚步，不禁小声自语："这食堂里只有餐桌，没有餐凳。"同学们也纷纷露出惊讶的表情，环顾四周。恰逢午餐时间，学生们如风般涌入食堂，迅速站在餐桌前，开始享用他们的午餐。晓阳好奇地凑近观察，注意到学生们的食物十分简单：有的是一份炒饭，有的是两个包子，还有的是一个烧饼夹菜……

晓阳关切地询问："同学，你们平时都吃这么简单吗？"

××中学的学生微笑着回答："习惯了，这样也挺好，吃饱就行。"

晓阳继续追问："你们每个月（在校的每天有三餐）的饭费大约是多少呢？"

学生挠了挠头："我们尽量控制在300元以内，这样家里经济压力不会太大。"

听到这些，晓阳心中深受触动。他默默观察着这些快速用餐后匆匆返回教室看书、写作业或准备午休的学生们，陷入了深深的思考。

结束了对××中学的参观，这群城市里的孩子们又来到了一所农村小学。小学老师介绍道，这里的孩子大多数是留守儿童，父母外出务工，平日里由爷爷奶奶照顾。晓阳听后，心中泛起一阵酸楚。

随后，晓阳跟随老师走进了六年级的一个班级，他希望能与这里的孩子进行更多的交流。他问一个小学生："除了学校发的教材，你还有其他课外读物吗？"

孩子低头轻声回答："只有教材，没有其他书。"

晓阳又问："你有自己的玩具吗？"

孩子摇了摇头："很少，只有几个旧的小玩意儿。"

听着这些回答，晓阳心中愈发沉重。看着这些孩子纯真而又略带忧郁的面庞，他暗下决心，要为他们做些什么。

实践活动结束后，晓阳一回到家，便急切地跑进自己的房间，仔细整理自己的图书。他自言自语："这些书我已经读过很多遍了，不如把它们送给村小学的孩子们，他们更需要这些。"晓阳精心挑选出所有适合小学生阅读的图书，将它们装箱,并在箱子上写下了几句鼓励的话语。

抱着装满书籍的箱子,晓阳兴奋地告诉爸爸妈妈:"我要把这些书邮寄给村小学的小朋友,希望他们能通过这些书了解更多课本以外的知识。"爸爸妈妈很支持他。

晓阳感慨地对爸妈说:"我感到自己非常幸运,因为你们一直陪伴在我身边,为我提供了这么好的生活和学习环境。与那些孩子相比,我真是太幸福了,真的很感激你们。"晓阳心中充满了温暖和满足,他知道自己完成了一件非常有意义的事情。

"忆苦思甜"要起作用,不能只靠父母、教师、长辈简单的说教,只有孩子自己去观察、体验和感受,才能引起心灵的震动和观念的认同。

五、请允许孩子按下"暂停键"

我们常常怀着对孩子无限的期待,迫切地盼望他们能在成长的旅途中快速前行,不断攀登学习的高峰,掌握生活的技能,塑造卓越的品格。因此,我们细心地为他们规划每一步,安排了紧凑的日程,仿佛一刻也不允许他们休息。然而,当我们静下心来思考,孩子并非不知疲倦的机器,他们也会感到疲惫,也会迷茫,也会在快节奏的成长中感到力不从心。此时,我们或许应该认识到,在适当的时候,应当允许孩子按下"暂停键"。这个看似微不足道的举动,实际上是对孩子的极大尊重与关爱。

"老师,怎样才能增强孩子的抗压能力?"

"老师,我家孩子刚上小学一年级,一遇到不会做的题目就哭泣,这么小就想要逃避困难,将来该怎么办呢?"

"老师,我家孩子已经是小学六年级的学生了,写作业时总是挑简单的题目做,遇到题目复杂、文字量大的作业就拖延,有时甚至会发脾气。"

"老师,我家孩子正在读初中,无论是在日常生活中,还是学习上,一遇到难题就容易退缩，有什么方法能让孩子勇敢面对挑战呢？"

"老师，我跟我爱人都非常自律且追求完美，但我们的孩子遇到一点儿困难就容易抱怨。面对困难，最应该做的是积极寻找解决办法啊！"

我很理解大家的忧虑，孩子们在遭遇挑战时所表现出的逃避、退缩和发脾气等行为，确实让父母们感到焦虑。然而，增强孩子的抗压能力并非一朝一夕之事，这需要我们从多个角度出发，耐心地进行引导。

首先，对于一年级的孩子在遇到不会解答的题目时哭泣的情况，考虑到他们刚刚开始正式的学习生涯，心智尚不成熟，父母不应急于焦虑或责备，而应给予他们充分的安慰和支持。父母可以蹲下身来拥抱孩子，并轻声告诉他（她）："不会做是正常的，我们可以一起找到解决的办法。"接着，陪伴孩子一起分析题目，将大问题分解成小问题，让孩子体验到困难是可以被克服的，并逐渐树立起解答难题的信心。

到了六年级，如果孩子在写作业时只选择简单的题目做，面对复杂题目时就拖延或发脾气，父母应关注孩子情绪背后的原因，可能是由于复杂题目带来的压力导致孩子产生了畏难情绪。此时，父母可以与孩子共同制定一个合理的完成作业计划，比如鼓励孩子先通读一遍，标记出关键信息，然后逐步解答。当孩子成功解决一道难题后，家长一定要及时给予肯定和鼓励，让孩子感受到克服困难的成就感。

在初中阶段，父母应通过自己的行为树立榜样，不妨向孩子分享自己克服困难的故事，让他们明白即便是父母，也不是一开始就能做得好，而是经历了许多挫折才逐渐成长。同时，当孩子遇到难题时，父母不应直接为他们解决问题，而是应引导他们独立思考，尝试不同的解答方法；即使孩子失败了，也要与其一起分析原因，并鼓励他们再次尝试。

其次，在日常生活中，父母可以有意识地为孩子设置一些适度的挑战，例如尝试制作一道新菜或完成一项手工艺品。在挑战过程中，我们要允许孩子犯错，并让他们知道犯错是成长中不可或缺的一部分。

最后，要营造一个宽松和包容的家庭氛围，这一点至关重要。当孩子在面对困难时表现出情绪波动，如发脾气或抱怨，父母不应立即对其进行批评，而应先接纳他们的情绪，让孩子感受到无论遇到什么困难，家总是他们最坚实的后盾。这样，孩子们才能鼓起勇气去面对外界的挑战，并逐步增强自己的抗挫折能力。

在一个宁静的傍晚，潇潇的妈妈急切地拨通了我的电话，开始倾诉心中的烦恼。

"常老师，现在孩子每天做作业都让我感到非常困惑，这些题目看起来非常简单，我原以为她 15 分钟就能完成，但潇潇总是需要花费很长时间。"潇潇妈妈的语气中透露出一丝焦虑。

我耐心地倾听，并温和地回应："请您先冷静下来，孩子的作业真的像您认为的那样简单吗？"

潇潇妈妈毫不犹豫地回答："我认真地检查过了，对于孩子来说，难度较大的题目其实并不多，大部分都是基础题目……"

在关注孩子的学业进展时，家长有时会不自觉地从自己的角度出发，评判作业的难度和孩子的完成速度，而没有充分考虑到孩子的实际感受和可能遭遇的挑战。家长要认识到，孩子在面对难题时感到沮丧是人之常情，应当允许他们暂时停下来重新审题，或者适时地"暂停"，以便调整好状态。家长们需要更多地从孩子的立场出发，理解他们的处境，并在孩子面对学习上的困难时，给予他们适当的时间和空间进行调整。

小忧的妈妈同样面临着育儿的挑战。

"常老师您好，小忧对拼装乐高情有独钟，然而每当他开始拼装时，家中便会上演一场鸡飞狗跳的母子大战。起初，小忧对拼装乐高充满了热情，而一旦遇到困难，便会情绪失控。我尝试让他停止并放弃，他却不愿意；让他继续，他又显得不情愿！直到我忍无可忍地离开，他哭泣许久后才能平复情绪。"

我反问小忧妈妈："当孩子因为无法做好某件事情而发脾气时，其背后的真实原因是什么？在这种情况下，孩子真正需要家长做的是什么呢？"

每个孩子在遭遇不同问题和挑战时，都会经历一个"真实情绪——接纳情绪——战胜困难的勇气——寻找解决问题的方法——受挫后继续自我调整——寻求外部支持……"的过程，这个过程又因孩子的个性和应对方式上的差异而有所不同。

家长朋友们应当思考，当孩子表现出"畏难情绪"时，我们应区分孩子是在深思熟虑，还是真的感到畏惧。若孩子确实感到畏惧，我们应该如何陪伴他们调整心态，克服困难？当孩子夸大困难、停滞不前时，我们是否可以耐心等待，给予他们更多的鼓励和陪伴？

在家庭教育中，以下几点非常重要：

首先，允许孩子表达他们的真实感受。孩子的内心世界既丰富又敏感，只有当他们能够毫无保留地表达自己的想法时，我们才能真正理解他们的内心，并给予适当的回应和引导。

其次，给孩子自我调整的时间是必不可少的。在成长的道路上，孩子会遇到许多挑战和困惑，他们需要时间去理解和适应，就像蝴蝶破茧而出需要经历漫长的过程一样，家长不应急于催促，而应耐心等待。

再次，避免轻易给孩子贴上标签。一个不经意的标签可能成为孩子心中的负担，限制他们的成长，我们应该认识到孩子的多样性和发展潜力。

然后，还要注意不要消极地解读孩子的行为。孩子的某些行为可能仅仅是出于好奇或探索，如果我们总是以消极的态度去看待，可能会打击他们的积极性和自信心。

最后，关注孩子"畏难"背后的真正问题。当孩子在困难面前退缩时，我们不应只关注表面现象，而应深入探究他们内心恐惧的根本原因，这样才能有针对性地帮助孩子消除障碍。

六 陪伴孩子走出"虚拟世界"

在大数据时代，孤独感似乎成为一种普遍的心理体验。美国麻省理工学院的社会学教授雪莉·特克尔（Sherry Turkle）在其著作《群体性孤独》中，对这一现象进行了深入而详尽的探讨。她明确地提出，孤独并非仅是个人行为的体现，而是在网络环境提供的虚拟互动中形成的一种群体性状态。

随着网络社交的迅猛发展，人们确实可以轻易地与他人建立联系，只需轻触键盘，便能与远在千里之外的人进行交流和互动。这种便捷的联系在一定程

度上为人们提供了社交上的满足感，但与此同时，它也潜藏着深刻的孤独感。特别是对青少年群体而言，他们正经历着身心的快速成长和变化，对世界充满好奇，同时也面临着诸多困惑和压力。在这个阶段，他们更容易沉迷于网络社交的虚拟世界，以此作为"逃离现实世界"的方式。

一诺，一位高三女生，由于健康问题，在高二时不得不休学一年，因此她将与低一级的学弟学妹们一同迎接高考的挑战。在这个至关重要的时刻，她每天放学后，首先做的不是抓紧时间复习，而是急切地拿出手机，与好友"大大怪将军"进行交流。据"大大怪将军"透露，他是一名大一学生。正是这样的背景，让一诺觉得自己在与一个"同龄人"互动。即便在学习期间，她也持续地回复信息，好像一刻也不愿离开这个虚拟的交流平台。

面对一诺的这种行为，她的母亲感到忧虑，忍不住提醒她："你已经是高三的学生了，能否放下手机，专心学习呢？"

一诺不悦地回应："我没有沉迷于手机，只是偶尔聊聊天。"

母亲继续劝导："但是你每天这样聊天，根本无法集中精力学习。而且，与网络上那些不熟悉的人有什么好聊的呢？如果你需要聊天，妈妈随时可以陪你聊啊！"

一诺立刻反驳："我们之间没法聊，您无法理解我。只有和他聊天，我才能感到心情舒畅。"

一诺的观点揭示了众多青少年在现实与网络社交之间冲突时所经历的内心矛盾。一方面，他们在日常生活中承受着沉重的学业负担、成长的迷茫以及社交上的挑战，网络社交平台成为他们缓解压力、寻求情感慰藉的重要途径。在虚拟空间中，他们能够暂时抛开现实的忧虑，自由地与朋友交流，从而获得情感上的支持。然而，这种逃避现实的做法并不能从根本上解决问题，反而可能导致他们陷入更深的孤独之中。

除了网络社交，有的孩子沉迷于网络小说同样令人担忧。

一位多年的好友带着忧虑找到我，向我倾诉她上初二的孩子廷宇最近状态不佳，晚上熬夜导致白天上课时无精打采。班主任也反映，廷宇在课堂上不是打瞌睡就是走神，仿佛在神游天外。

朋友告诉我，廷宇最近迷上了网络小说，起初她还为孩子对文学有兴趣感到高兴，但不久后，廷宇的脾气就变得异常暴躁，一点儿小事就能让他大发雷霆。一次考试失利后，父亲仅批评了他几句，廷宇便愤怒地推了父亲一把，摔门而出，留下一句"莫欺少年穷"。

朋友认为，这一切变化都源于廷宇沉迷于网络小说。

"廷宇，你好！我是你妈妈的朋友，很高兴见到你。"

"常老师，您好！我妈妈让我来和您谈谈。"

"有什么我可以帮助你的吗？"

"我最近沉迷于一些网络小说，上课时总是不自觉地幻想自己是主角，主宰自己的人生。我知道这样不对，但小说世界太吸引人了。"

"我理解你的感受，我自己看到精彩的文章也会遐想连篇。你能告诉我，小说中的主角有哪些吸引你的特质吗？"

"他年少时被人轻视，但性格坚韧、隐忍，勇敢面对困难，在冒险中不断努力，最终成为世界上最强大的存在。"

"这也是你渴望成为的人，对吗？"

廷宇有些羞涩地笑了："谁不想成为那样的人呢？"

"实际上，你也可以成为自己世界的主宰，就像小说中的主人公一样，通过不懈的努力，从藉藉无名之人成长为卓越之才。"

"但在现实中，哪有那么容易。小说里的主角总是轻易获得机遇，变得强大。"

"正因如此，我们通过努力获得的成就才显得更加真实和宝贵。比如你在学习上努力解出难题，或在考试中取得进步，那种成就感不也很棒吗？"

"好像是这样，但学习太枯燥了。"

"小说中的主角在修炼时，不也是经历着日复一日的枯燥吗？"

"确实，他是个修炼狂。"

"台上一分钟,台下十年功。小说往往省略了这些努力的过程,现实往往比虚构更精彩。想象一下,如果期末考试你能一鸣惊人,那不也会让那些轻视你的人刮目相看吗?"

廷宇的眼中开始闪烁着希望的光。

"你是自己世界的主角,每次面对困难,都像是在打怪兽升级,学习过程中也会不断成长和进步,这是小说无法给予你的。"

"我懂这个道理,但还是会忍不住想看小说。"

"这很正常。我们可以制定一个小计划,比如每天只看半小时小说,其余时间专心学习或干其他有意义的事情。逐渐减少看小说的时间,你觉得如何?"

"好的,我会尝试的。常老师,谢谢您!"

"我相信你能够做到。只要你把更多的精力投入现实生活中,就会发现现实甚至更加精彩。"

网络小说往往包含奇幻、悬疑等引人入胜的情节,能够有效地激发孩子的兴趣和好奇心,为他们提供深刻的阅读体验。特别是那些充满主角光环的角色设定,满足了青少年对于独立和自我实现的深切渴望。我们不应全盘否定网络小说的价值,因为其中不乏能够激发孩子思维和想象力的佳作。然而,当孩子对网络小说产生过度迷恋时,我们必须予以关注。家长和教师应当密切关注孩子的阅读习惯,引导他们选择那些积极向上的书籍。此外,要与孩子进行更多的沟通和交流,理解他们的内心世界,这对帮助他们妥善应对现实生活中的挑战和问题而言至关重要。

七、"我"不得不选个明星做偶像

2020年,《半月谈》杂志社对全国2万多名12~18岁的中学生,进行了一项名为"青少年追星调查"的研究。调查结果显示,42.2%的中学生从童年便开始追星,52%的中学生追星时间已超过三年。根据《2020年全国未成年人互联网使用情况研究报告》的数据，我国未成年网民中有8%参与了粉丝应援活动，其中小学生和初中生是主要的参与者。这表明，低龄青少年正逐渐成为追星群体中的新兴力量。

追星是青少年自我探索的一种方式。通过追随和认同他们所喜爱的明星，青少年逐步发现并确认自己的个性、喜好以及价值观念，这是他们成长道路上的一个独特且重要的标志。

我们不应忽视追星在青少年社交生活中的重要性。对许多青少年而言，追星的过程提供了一种强烈的归属感，仿佛是一把开启与同伴交流和融入社群之门的钥匙。为了不被排除在社交圈外，一些青少年感到极有必要选择一位偶像来标榜自己的身份。

舒辰在小学时，因为成绩出类拔萃，所以无论走到哪里，总是众人瞩目的焦点。那时，她尚未意识到，除了学业成绩，还有其他因素在塑造她与同学间的关系。

进入初中后，同龄的女孩儿纷纷有了自己的偶像。当舒辰坦白自己没有特别喜欢的明星时，很多同学都感到惊讶和不解，她们甚至带着戏谑的口吻说："你是原始人吗?怎么可能没有喜欢的明星呢?"

舒辰不甘示弱地反驳："我不是原始人,我只是认为这些明星和我们一样，外表光鲜，但本质上也是普通人。"

或许是因为她过于直率的言辞，舒辰发现自己在与同学们的交流中遇到了障碍。她难以参与她们关于所谓"饭圈"的讨论，甚至有时会被故意排斥，这种孤立感让她感到很痛苦。为了能够更好地融入集体，舒辰不得不选择一个明星作为自己的偶像，以期重新获得同学们的接纳。

在咨询室里，舒辰痛苦地向我倾诉："常老师，没有喜欢的明星，让我感觉自己好像做错了什么似的。"

我安慰道："没有喜欢的明星并不是错误，这反而证明你是一个情感理智的女孩子。每个人都有自己独特的喜好和兴趣所在，有人可能对明星非常着迷，但也有人对其他事物更感兴趣，比如书籍、绘画、音乐、体育、科技等。"

舒辰疑惑地问："但是，如果没有共同话题，我该如何融入集体呢？"

我耐心地指导："融入集体并不一定非得通过喜欢明星这一条途径。你可以尝试从其他方面寻找与大家的共同话题，比如讨论一部精彩的电影，分享自己的兴趣爱好，或者积极参与集体活动，展现你的热情和才能。这样同样能够与大家建立良好的关系，融入集体。"

舒辰恍然大悟："我明白了，常老师。"

通过舒辰的故事，我们可以深入探讨青少年追星现象背后所隐藏的问题。

首先，青少年在寻求归属感的过程中，可能会遭遇来自同伴的压力。为了融入集体，他们有时不得不做出一些并非完全基于个人喜好的决定。这样的选择可能会在某种程度上遮蔽他们真实的内心想法和个性特征，导致他们在自我认识的道路上偏离了原本的方向。

其次，青少年对明星的认知和评价也存在差异。像舒辰这样能够理性看待明星、意识到明星同样是普通人的青少年并不罕见。然而，在追星的大氛围中，对明星的崇拜和追捧往往带有一定的盲目性。在一份2021年5月发布的针对青少年追星的调查显示，73.4%的受访青少年表示粉丝团会进行道德绑架，强迫粉丝"氪金"（"课金"的谐音，指支付费用）；63%的受访青少年对粉丝团之间的相互谩骂和攻击表示反感；52.8%的受访青少年每月在追星上的花费超过100元。

那么，家长和教育工作者应如何引导青少年正确看待追星现象呢？

首先，我们需要理解青少年追星的心理需求，尊重他们的兴趣和爱好，而不是一味地否定追星行为。我们应该与他们进行沟通和交流，了解他们所崇拜的偶像，并帮助他们分析偶像的优点和不足，引导他们从偶像身上汲取积极的能量。

其次，我们应当鼓励青少年树立正确的价值观，正确地认识自我，认识到每个人都是独特的，突出自己的优点和特长，无须通过迎合他人来获得认可。

最后，还要帮助他们培养独立思考的能力，使他们在面对多种选择时，能够根据自己的内心需求和价值取向做出明智的决策。

综上所述，追星对青少年而言，既是自我认识的一种方式，也是社交需求的一种体现。我们应该以一种理性和宽容的态度看待这一现象，引导青少年保持清醒的头脑，不迷失自我，从偶像身上汲取成长和进步的正能量。

八、所谓的"低要求"，可能是对孩子更大的伤害

许多家长出于对孩子深深的爱，或是为了避免给孩子施加过多的压力，选择在学习、生活等多个方面放宽标准，对孩子采取了所谓的"低要求"态度，似乎这样就能为孩子提供更多的自由和宽松的成长环境。然而，当我们深入分析这种看似"慈爱"的教育方式时，可能会发现所谓的"低要求"，实际上正在不知不觉中对孩子造成了更大的伤害。

"我对孩子没有太高要求，只要他能完成老师布置的作业就行，但是现在孩子连作业都完不成……"

"我对孩子没有太高期待，只要能达到班级平均分就可以，但是现在他连平均分都达不到……"

"我从来没有奢望孩子考第一名，但是也不能太差吧。"

……

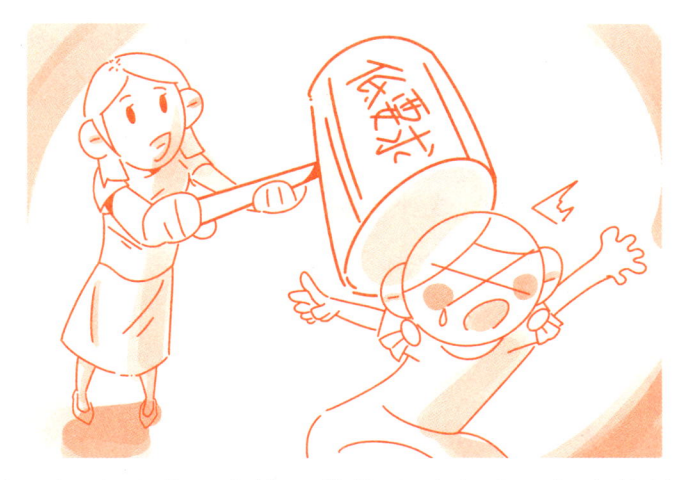

社会篇 05
社会就是大课堂——合力促进绽放成长之花

与那些过分重视孩子学习成绩、带着孩子奔波于各个辅导班/特长班的家长相比，与那些因为要求过度严苛导致孩子出现抑郁症状甚至极端行为的家庭教育方式相比，对孩子"没有要求""低要求"的家长好像让人觉得更加豁达。但这些所谓的"低要求"对孩子造成的伤害，您看到了吗？

案例1

小虎的妈妈说："常老师，我的孩子现在上初一，我从未对他寄予过高的期望。因为我深知他并不是那种特别聪明或天赋异禀的孩子。因此，在小学阶段，我对他唯一的要求就是'不要被老师在家长群里点名批评'，而他确实做到了这一点。升入初中后，我的期望变成了'保持在班级前15名'，这样他才有机会进入高中。但目前他的各科成绩都很不理想，连这个最低标准都难以达到。"

我问："您认为孩子关心自己的学业吗？"

小虎妈妈回答："他似乎并不在意，对什么都不太上心，好像总是无忧无虑的。"

我追问："是真的吗？"

小虎妈妈继续说："至少表面上是这样。每次考试结束后，他都显得自信满满，但最终的成绩总是不尽如人意。"

我又问："您希望孩子在学业上有进步吗？"

小虎妈妈说："我对他成绩的期望并不高，只是希望他能够顺利考上高中。"

我提出了一个假设:"您一直在谈论对孩子的最低要求。如果您的上司对您说'我对你没有任何要求,只要把最基本的工作做好就行',您会怎么想?您会觉得上司是在欣赏您,还是……"

小虎妈妈顿悟:"我明白了。我平时总是告诉孩子我对他的要求不高,只有最低标准,实际上这可能在无意中打击了他的自信心,暗示他只能达到这个最低水平。"

案例2

小喻的妈妈说:"常老师,我的女儿现在是高一学生,她的成绩在班里处于中游。我认为这已经很不错了,毕竟女孩子学习并不需要过于辛苦。她自己却常常因为成绩不理想而感到沮丧,即使我尝试安慰她,她也不愿意接受。"

我询问道:"您能否提供一个具体的例子呢?"

小喻的妈妈接着说:"就在最近的一次区级统考中,她排在了班级的第20名,这让她非常难过。我试图安慰她,说:'这样的成绩已经很好了,即便是上个大专,妈妈也会感到满意。以你现在的成绩,考上"一本"是完全有可能的。'她却生气地反驳说:'难道在您眼中,我就只配去普通的大学吗?难道我就不能争取进入重点大学吗?'之后,尽管我再次尝试安慰她,她还是感到不悦。"

我接着问:"您对孩子的期望并不高,那么孩子是否可以设定更高的目标呢?"

小喻的妈妈回答说:"说实话,我之前并没有认真考虑过这个问题。我一直认为只要差不多就可以了,我对她没有特别高的期望,也不想让她承受太大的压力。"

我最后问道:"当孩子为了自己的目标而努力时,您认为她需要的是父母的支持,还是父母建议她放弃呢?"

小喻的妈妈思考后回答:"我认为孩子肯定不希望听到有人劝她放弃自己的目标。"

案例3

平平的妈妈说:"常老师,从孩子出生到现在,除了他上学,我几乎一直陪伴在他身边。他在小学和初中阶段表现得非常出色，赢得了众多奖项，中考成绩更是位列全区前十。因此，在中考后的暑假，我减少了对他的管束，结果他开始沉迷于手机游戏。现在孩子已经高二了，我对他几乎失去了信心。"

我询问道："最初发现孩子沉迷手机时，您是如何与他沟通的？因为手机问题，您和孩子之间是否发生过争执？"

平平的妈妈回答："起初我没有太在意。在高一开学前两周，我让他报名学习衔接课程，但他拒绝了。我要拿走他的手机，他承诺开学后会交出。我忍耐到开学，但他依然没有交出，反而保证如果考不进班级前三名，就会交出手机。我同意了这个条件；但期中考试时，他的成绩滑落到班级第二十名，我再次要求他交出手机，他却开始耍赖，以'拒绝上学'来威胁我们，甚至要求我们给他买新手机。最终，他的父亲给他买了新手机，并要求他保证考进前十名，否则就要收回手机。后来，他的父亲也因为手机问题与他发生过严重的肢体冲突。现在，我们对他几乎不抱任何希望，只希望他能顺利毕业。"

我追问道："中考结束后，您为何放松了对他的管束？"

平平的妈妈解释道："中考前，他非常听话。在确定能进入区重点高中的实验班后，我觉得可以稍微放松一下了。"

我继续问道："您认为孩子在完全放松一个暑假后，还能在期中考试取得班级前三名的成绩吗？"

平平的妈妈反思道："后来我意识到这几乎是不可能的。但当时我想，如果他做不到，我就可以有充分的理由收回手机。同时，我内心还存有一丝幻想，认为他基础扎实，可能不会受到太大影响。"

我又问道："孩子拒绝上学，而父亲却以考进前十名为条件给他买新手机。您认为孩子能够迅速提升到前十名吗？"

平平的妈妈坦白："我们当初设定这个目标，只是为了设定一个目标而已，甚至有点故意为难孩子。"

在对话的最后，平平的妈妈开始理解孩子："我过去一直以为我为孩子付出了所有，但经过一番折腾后，我心力交瘁，无奈地选择了放弃……现在我意识到，问题在于我从未真正考虑过孩子的感受。"

如何把握对孩子要求的尺度，是家长一直需要审慎思考的问题。当下有一种观点认为对孩子不应过度严苛，这本是出于对孩子身心健康的考量，却常常被部分家长误解，衍生出了一些似是而非的做法。

1. 对孩子不过度严苛≠撒手不管。

孩子如同正在成长的幼苗，需要适度的阳光、雨露以及园丁的悉心照料。不过度严苛，是要避免给孩子施加过多不合理的压力，让他们在相对宽松的环境中有自主探索和尝试的空间，但绝不意味着家长可以撒手不管，任由孩子随意生长。

孩子如果缺乏足够的引导和监督，就很容易迷失方向。比如在学习上，如果家长从不关心孩子的作业完成情况和学习进度，孩子可能会形成拖拉、敷衍的习惯，无法形成良好的学习态度和方法。在生活中，若对孩子的行为规范、品德培养等方面不闻不问，孩子可能会不懂礼貌、缺乏自律，难以融入社会群体。所以，不过度严苛是要在关心与放手之间找到一个恰当的平衡点，既要给予孩子一定的自主权，又要时刻关注他们的成长动态，适时地给予指导和纠正。

2. 对孩子不过度严苛≠低估孩子的能力。

有些家长在秉持不过度严苛的理念时，走向了另一个极端，那就是低估了孩子的能力。他们觉得孩子还小，很多事情做不好是正常的，于是便降低了对孩子的要求，甚至在孩子明明有能力挑战更高目标时，也不给予鼓励和支持。

要知道，孩子的潜力常常超乎我们的想象。当我们低估孩子的能力时，实际上是在限制他们的发展空间。比如，一个孩子在数学方面表现出了一定的天赋和兴趣，本可以尝试参加一些数学竞赛或者学习更有难度的知识，家长却认为孩子只要能跟上学校的正常课程就好，不必追求过高目标。这样的做法，会让孩子错失挖掘自身潜力的机会，久而久之，孩子可能也会对自己产生怀疑，认为自己确实只能达到家长所设定的那个较低标准。

所以，不过度严苛应当是基于对孩子能力的准确评估，在尊重孩子现有能力的基础上，给予他们适度的挑战，激发他们的斗志，让他们在不断突破自我的过程中实现成长。

3. 对孩子不过度严苛≠忽视孩子的成长需求。

还有一部分家长将不过度严苛，错误地理解为可以忽视孩子的成长需求。他们认为只要孩子吃得饱、穿得暖，生活上没有什么大问题就可以了。至于孩子内心的情感需求、对知识的渴望、社交方面的需求等，都没有给予足够的重视。

孩子的成长需求是多方面的，不仅包括物质层面，还包括精神层面。例如，孩子在学校可能会受到人际交往方面的困扰，他们需要家长的倾听和引导，帮助其学会与同学的相处之道；孩子在学习新知识时，可能会遇到困难，他们渴望家长能给予鼓励和支持，让其有勇气继续探索。如果家长忽视了这些成长需求，孩子会觉得自己是孤立无援的。因此，不过度严苛是要在满足孩子基本生活需求的同时，更加关注他们的精神世界，深入了解孩子在不同成长阶段的各种需求，并及时给予他们必要的满足和合理的引导。

4. 对孩子降低期待≠减少教育投入。

最后，我们来谈谈关于降低对孩子期待的问题。有些家长认为，既然不要对孩子要求过度严苛，那就干脆降低对孩子的期待吧，反正孩子也不一定能达到很高的标准。于是，在降低期待的同时，他们也不自觉地减少了在教育方面的投入，无论是时间、精力还是物质资源。

但实际上，对孩子降低期待并不意味着可以减少教育投入。教育是一个长期且持续的过程，需要家长投入大量的时间和精力去陪伴孩子成长，去引导他们学习知识、培养品德、塑造人格。即使我们对孩子的某一方面表现降低了期待，比如孩子在体育方面可能确实没有太多天赋，但这并不影响我们为其提供参与体育活动的机会，让其在运动中锻炼身体、培养团队精神。

同样，在学习上，即使孩子的成绩暂时不理想，我们也不能因此而减少为其投入的精力和时间。教育投入不仅是为了让孩子实现某个特定的目标，更是为了给孩子提供一个良好的成长环境，让他们能够不断地汲取知识、提升自我。我们同时应该注重教育投入的质量和针对性，以便更好地满足孩子的成长需求。

九、知险避险，让家庭拥有求助能力

在教育孩子时，家长通常更加重视他们知识的积累、品德的塑造以及技能的掌握，却容易忽略对求助能力这一关键技能的培养。家庭作为孩子成长的首个学习环境，在教育孩子方面承担着不可推卸的责任。其中，帮助孩子提升求助能力，是一个迫切需要家长细心培育的重要方面。家长必须认识到，孩子无法独立面对成长过程中的所有挑战。掌握如何在适当的时候寻求帮助，就像是在逆境中为他们点亮一盏指路明灯，照亮他们前进的道路。

亚里士多德曾言："人是社会性动物。人无法彻底脱离社会而独立生存。若不愿给他人添麻烦，便需独立承担诸多事务，包括挫败。"求助是一种技能，而恰当地求助则更需智慧。生活中，我们难免会遇到自己不擅长或不熟悉的领域。我在超过二万小时的咨询经历中，目睹了众多家庭因各种原因而放弃了寻求帮助。

1. 因为担心丢面子而放弃求助。

孩子是父母的骄傲，但很多家长不能接受优秀的孩子掉落低谷。

2019 年，有一对高中生家长通过朋友介绍找到了我。通过家长的阐述，我得知他们的孩子从高二下半学期就开始了阶段性休学，他们觉得特别丢脸。孩子休学在家时，爸爸妈妈平时不让孩子出门，不想让周边的邻居和朋友知道孩子休学了，毕竟孩子是以中考区排名第十进入重点中学实验班的。

为了更多地了解孩子的情况，我询问道："孩子高二时发生了什么事情呢？"

小虎妈妈说："现在回想起来，其实孩子在高一第一学期就表现出了不适应，压力太大，在实验班孩子的排名中很靠后。孩子曾经提出想要转到普通班，但我们当时认为孩子初中基础不错，想着别人都是想进实验班进不去，我们却要从实验班里出来……"

我接着问道："孩子高二下半学期就开始了阶段性休学是什么情况？"

小虎妈妈说："起初是孩子完不成作业，在家哭，觉得压力太大了……我就跟老师撒谎说孩子生病了，帮孩子请假……"

小虎爸爸补充说："我们曾经想过找心理医生咨询，但是又害怕看心理医生会导致孩子认为自己不正常……"

小虎妈妈又说："这也是因为马上要高考了，孩子的问题却越来越严重了，我们希望孩子能够顺利参加高考，哪怕考不上好大学也没有关系……原来家里的亲戚都不知道孩子的事情，这也是没有办法了，我才打电话向在北京工作的妹妹求助，于是她帮我们找到了您……"

以小虎的情况为例，小虎的爸爸妈妈因担心孩子休学这件事影响自家的面子，选择了隐瞒孩子的真实状况，甚至不让孩子出门。在小虎高一就已表现出不适应且提出合理转班诉求时，他的父母未能正确理解，而是基于对面子的考量和对实验班的固有认知，强行让他继续留在压力较大的环境中。当孩子的问题逐渐严重乃至需要专业心理医生介入时，又因害怕孩子自己贴上"不正常"的标签而犹豫不决。这种因过度在意他人看法、维护所谓的面子而放弃及时求助的行为，最终导致孩子的问题愈发严重，不仅影响了孩子的身心健康，也使得解决问题的难度大幅增加。这个案例警示我们：家长不能让面子成为阻碍孩子获得正确帮助的绊脚石，孩子的健康成长远比一时的虚荣更为重要。

2. 认为求助是无能的表现而放弃求助。

我们在前文探讨了家长与孩子共同提升求助能力的重要性。在学习过程中，不同性格的孩子表现出的求助方式也各不相同。外向的孩子通常会主动向他人寻求帮助，而内向的孩子常常在内心挣扎，权衡再三；乐观的孩子倾向于积极面对挑战，主动寻求协助，而谨慎的孩子常常会深思熟虑，在求助时，目标十分明确。

在一次讲座结束后，我与一位孩子进行了交谈。她向我透露，自小学起，她很少在学校向老师提问，因为她的学习成绩一直很好，更多的是帮助同学解答疑惑。她告诉我："我觉得只有成绩不好的同学才会向别人求助……"

当她表达这样的观点时，我反问她："小雨，你在小学时成绩那么出色，有没有遇到过做题时不会解答的情况？"小雨回答说："当然有，每当遇到这种情况，我就会自己反复查阅资料，或者在老师讲解时专心听讲。"

小雨继续说："到了初中，科目变多了，作业量也增加了，有时候遇到一些题目，即使老师讲过了我也没有完全理解……其实，我的父母早就建议我和您见面聊聊，只是我……"

小雨的案例揭示了一种错误的观念，即认为寻求帮助是能力不足的体现。小雨在小学时期成绩出众，习惯了为他人解答疑惑，这让她在潜意识中形成了一个观念：只有成绩不佳的同学才需要求助于人。然而，随着学习的内容增多和难度增大，在面对自己无法解决的问题时，她仍然固执地选择独自努力，即使父母建议她向老师寻求帮助，她也因为这种错误的观念而予以拒绝。这说明，在孩子的教育过程中，我们应当重视培养他们正确看待求助的观念。我们要让他们理解，无论个人能力如何，求助都是一种合理且必要的获取知识、解决问题的方式。每个人都有自己的知识盲点，勇于求助并不是无能的表现，相反，它体现出了一种积极面对挑战的智慧。

3. 担心麻烦别人、欠人情而放弃求助。

我经常收到家长发来的紧急求助微信，其中一位是来自我老家的好友——萍萍妈妈。她通常不会在非必要情况下联系我。有一天，我意外地收到了她的微信消息。

萍萍妈妈:"晓敏,我该怎么办?我家孩子又被叫家长了,他在学校动手打了同学!"

我说:"你有没有向老师了解具体的情况?"

萍萍妈妈:"没有,实际上,在幼儿园时,他就经常被其他家长投诉。他总是试图和其他小朋友玩耍,但不知道如何友好地表达,常常拉扯他们,有时会因为矛盾而动手打小朋友……"

我说:"以前见面时,你并没有提起过这些情况。"

萍萍妈妈:"嗯,我之前确实想向你求助,但看到你一直都很忙,我不好意思打扰你,担心欠你的人情。"

我说:"在孩子的教育问题上,不存在欠人情的问题。"

……

萍萍妈妈的困境凸显了因担心麻烦他人、欠人情而放弃寻求帮助的问题。从幼儿园开始,萍萍就存在与同学相处的行为问题,如拉扯和动手打人等,且多次受到其他家长的投诉。尽管萍萍妈妈有意向我求助,但看到我忙碌的情景,就因担心打扰我而选择了沉默。这种做法导致了孩子的问题长期得不到有效解决,持续影响着孩子的社交发展和在学校的表现。这提醒我们,在孩子的教育问题上,不应因顾虑人情世故而忽视孩子的成长需求。老师及其他相关专业人士的职责本就是为了帮助孩子成长,家长积极主动地寻求帮助是对孩子负责任的表现。

许多家长在考虑向咨询老师寻求帮助时,都会经历一段漫长的心理斗争。他们从注意到孩子的问题开始,尝试自行解决,却发现方法不当,有时甚至适得其反;随后内心开始挣扎于是否应该寻求专业咨询老师的帮助。如果咨询老师拒绝了怎么办?如果咨询老师也无法解决孩子的问题怎么办?最终,在不断地挣扎后,有很多人最终放弃了求助。

家长由于恐惧、担忧和挣扎,可能会错过对孩子进行最佳干预的时机。

林林妈妈就是这样的一个例子。她注意到孩子很少在家学习,而且在家长群里看到老师发布的表扬名单上很少出现孩子的名字，她一直想与班主任沟通，了解孩子的学习状况，但又担心班主任老师会觉得她烦……

在日常生活中，每个人都需要一套支持系统。我们不仅需要通过自我提升来实现自助，还需要通过求助来弥补自身缺乏的能力和资源。林林妈妈的担忧反映了因害怕被拒绝而放弃求助的心态。她意识到孩子在家学习状况不佳，希望通过与班主任的沟通来了解情况，却又担心老师会厌烦她询问。这种担忧阻碍了家长与老师之间的有效沟通，导致家长无法及时获得孩子在学校的真实信息，从而难以有针对性地对孩子进行教育引导。这提醒我们，家长需要克服这种不必要的心理障碍，理解老师的职责之一就是与家长共同关注孩子的成长，正常的家校沟通是被鼓励的。家长只有主动沟通、积极求助，才能更好地促进孩子学习进步和健康成长。

在家庭教育中，家长应深刻反思自己在面对教育孩子的各种问题时，是否因为类似的错误心态而放弃或延误了求助。家长和孩子都要树立正确的求助观念，积极主动地寻求合适的帮助。

AI 时代，要正确使用电子产品

在当今这个飞速发展的时代，AI 技术如汹涌浪潮般席卷而来，深刻地改变着世界的方方面面。电子产品作为 AI 技术的重要载体，已然成为人们日常生活中不可或缺的一部分，在家庭环境里更是随处可见，孩子也早早地与之亲密接触了。从智能学习设备到各类娱乐性的电子终端，电子产品为孩子们打开了一扇扇通向广阔世界的新窗口，在带来了丰富知识与多元体验的同时，也潜藏着诸多挑战与隐忧。那么，在 AI 时代，家长该如何引导孩子正确使用电子产品，使其成为助力孩子成长的有益工具，而非阻碍其健康发展的绊脚石呢？这无疑是家庭教育在新时代背景下面临的一个重要且亟待深入探讨的课题。

我曾前往一所学校，为全体教师举办了一场讲座。在讲座结束后，一位初中班主任向我寻求帮助。

"常老师,家长们向我提出,希望我在班会上强调电子产品的使用问题,并要求我在班级群里发一个通知,以便他们能在家中更好地监督孩子正确使用电子产品。我首先观察了班级的情况,并在班级内进行了相应的教育引导。尽管如此,家长们仍旧坚持要求我在班级群里发一个通知。您认为我应该如何处理这个问题?"

关于家校沟通的问题,可以参阅本书第一篇章中关于家校互动的内容。从班主任的反馈来看,这显然是当前社会、学校和家庭中普遍存在的问题。

恰巧,该校在第二周组织了家长会,在我的分享环节中,我提到了电子产品使用的问题。梓睿的妈妈又一次表达了她的担忧,询问如何避免其他孩子对梓睿使用电子产品的影响。

我询问道:"您为何对梓睿的电子产品使用管理如此严格?"

梓睿妈妈解释说:"我有一个姐姐,她的孩子比梓睿大三岁。孩子在小学时就配备了电脑和iPad,结果沉迷于游戏。现在孩子即将升入初三,却不得不休学在家,生活、作息完全颠倒了。每当家长尝试收走电子产品或断网,孩子就会情绪失控,在家中大吵大闹,甚至对父母进行言语攻击,最近还发生了肢体冲突。为了避免梓睿重蹈覆辙,我从源头上杜绝了电子产品。我每天接送孩子上下学，周末也确保在他与同伴一起玩耍时，我也亲自陪同。现在梓睿上六年级，我发现他在学校与同学交流的内容越来越难以控制，这让我非常焦虑。我希望班主任能进行管理，但班主任似乎没有采取行动，这让我感到非常生气。"

我回应道："梓睿妈妈，从班主任的角度来看，个别问题或偶尔出现的现象可能不会被广泛讨论。您目前最担心的是什么？我们可以一起探讨。"

梓睿妈妈："我担心的是孩子会被其他同学影响，也开始玩游戏。"

我继续询问："孩子现在有自己的手机吗？"

梓睿妈妈："没有，但梓睿告诉我，他的同学们都在玩游戏，如果他不参与，就会感觉自己与同学们没有共同话题。我担心这会影响他的社交生活。"

我进一步询问："那么，我们面临的问题是提升孩子的社交能力，还是如何阻止孩子周围的朋友使用手机？"

梓睿妈妈："常老师，这样说来，我的问题可能两者都有。我甚至担心，如果孩子完全不接触手机，可能会影响他接触新知识。特别是现在越来越多的课程需要网络支持，孩子们在完成一些小课题时也需要上网查找资料。"

我表示："非常好，您现在真正的问题是：如何引导孩子正确使用电子产品，对吗？"

梓睿妈妈："是的，我正为此而感到困惑。"

我提出："那我们可以从孩子使用电子产品的需求开始分析。①社交需求；②兴趣探索；③学习需要；④逃避说教……"

家长们普通担忧孩子过度沉迷于使用电子产品，我们不妨深入思考，探究其背后的根本原因：孩子为何会沉迷于游戏？电子产品又能为孩子带来什么？作为家长，我们应如何与电子产品和平共处？

我曾遇到一位高中生的家长，她向我倾诉，每当看到孩子使用手机时，她就会情绪失控，尝试了断电、断网、藏手机、摔手机、改密码等各种手段。正处于青春期的孩子与家长发生了激烈的冲突，家长感到束手无策。

不可否认，电子产品已成为我们生活中不可或缺的一部分。家长和教师有责任合理引导孩子正确使用电子产品,充分利用其积极效应,同时尽量减少其潜在的负面影响。

过度依赖电子产品可能导致孩子减少与现实生活中他人的面对面交流。他们习惯了通过网络与虚拟世界中的人互动,在真实社交场合中可能变得羞涩、胆怯,不知如何与人正常沟通以及表达情感与想法,这可能会影响他们的社交技能发展和人际关系的建立。

一方面,某些电子产品的内容,如一些刺激性强的游戏、带有恐怖或暴力情节的视频等,可能会引起孩子的恐惧、焦虑等不良情绪。另一方面,当孩子在使用电子产品而被限制时,或遭遇网络暴力等不愉快事件时,也容易产生烦躁、抑郁等情绪问题。此外,过度沉迷电子产品还可能导致孩子注意力不集中、缺乏耐心等问题,影响其学习和生活的情绪稳定。

电子产品中的娱乐功能,如游戏、短视频等,往往具有极强的吸引力。如果孩子在学习过程中容易接触到这些内容,他们可能会被吸引,难以集中精力完成学习任务,导致学习效率低下。

当然,电子产品并非全然有害,它们也能为孩子们带来许多益处。例如,通过电子产品,孩子可以轻松访问各类在线课程平台,根据自己的兴趣和学习需求选择合适的课程,突破时间和空间的限制,实现个性化学习。还有许多专为学习设计的软件,这些软件通过游戏化、互动化的方式帮助孩子更好地掌握知识,提高学习兴趣和效率。

总的来说,正确引导孩子使用电子产品对家庭教育非常重要。通过制定明确的规则,可以让孩子在使用电子产品时有所遵循,避免无节制的使用;关注内容选择,确保孩子接触到的是积极健康且富有教育意义的信息;培养孩子的自律意识,有助于他们在面对电子产品的诱惑时能够自我约束;加强亲子互动,既能增进亲子感情,又能在互动过程中引导孩子正确看待和使用电子产品。

值得注意的是,家长也需要不断学习来适应AI时代的变化,以智慧和耐心引导孩子正确使用电子产品,使其成为孩子成长道路上的助力而非障碍。

定制程序

1. 当孩子在社交中遇到困难或不敢表达自己时，家长不应急于催促，而应耐心等待孩子做好准备。

2. 当孩子过度使用电子产品时，家长应关注孩子使用的具体时间、功能以及孩子的情绪变化等。

3. 当孩子面临学习问题时，家长应放慢节奏，关注孩子的优势，并在生活中多给予孩子正面的反馈。

4. 当孩子沉迷于"虚拟世界"时，家长应先识别孩子行为背后的需求，从孩子的角度去理解，并与其进行有效的沟通。

5. 当孩子犯错并需要承担后果时，惩罚措施应确保合理、有教育意义，并与孩子的错误相匹配。同时，家长也要给予孩子改正错误的机会，要正确区分"问题"和"问题孩子"这两个概念。

06

综 合 篇

常问常答
—— 找到问题背后的真原因

(一) 上幼儿园的鹏鹏经常和妹妹争夺玩具,有时会把妹妹弄哭,甚至还会和妹妹有一些肢体冲突。"爱护妹妹"这些大道理他都懂,父母也屡次教育他,可他就是知错不改。怎么办呢?

常晓敏:孩子们是一见面就打架吗?每次都是哥哥欺负妹妹吗?如果是这样,妹妹还会总找哥哥玩儿吗?我们了解一下就会发现,大多数情况不是这样的,而是开始玩得挺好,过一段时间才有了分歧。我在和家长的交流中发现,家长对孩子间的打闹有怨气,其实是家长不能忍受孩子的哭闹,家长希望孩子能够自己好好玩儿,从而减少自己家庭教育的压力。所以当孩子哭闹时,家长就会去控制,要求孩子静下来。家长在处理孩子间的矛盾时,比较情绪化。这位家长没有关注到鹏鹏的需求,在家庭教育中没有做到平衡。孩子的"知错不改"可能是因为家长的陪伴、关注、干预不得当,比如陪伴少、指责多,关注少、挑剔多,倾听少、干预多等。孩子也可能只是想通过重复错误的行为来得到父母的关注。

(二) 孩子的生活习惯不好,穿衣服很邋遢,也从来不收拾房间,家长帮他收拾干净,不久后还是乱糟糟的,说了多少遍都不改。怎么办呢?

常晓敏:孩子是从来不收拾吗?可能不是,而是他收拾了,但没有达到家长的要求——家长开始希望孩子能做到60分就好,当孩子做到了80分,家长又拿100分的标准要求他。家长期待孩子有大改变,但不容易看到孩子的小进步;孩子的努力没有得到鼓励,就可能退回原样。大目标需要小步子,家长要从悦纳孩子的现状开始,才能帮助孩子不断改变自己,进而超越自己。

(三) 因为孩子长时间看网络小说/玩游戏,家长与孩子之间频繁地发生争执。家长采取了断网、摔手机等各种办法,却一直没有很好的效果;家长也陪着孩子一起看网络小说/玩游戏,但觉得没有一点儿意义。怎么办呢?

常晓敏:亲子应该是协作关系。如果家长把孩子放在对立面,一味地批评孩子,就很难理解孩子行为背后的真实原因,也很难解决问题。家长应该思考，是不是孩子在课业方面没有成就感？是不是和老师互动不多、和同伴的链接不够丰富？是不是家长的高质量陪伴太少……手机使用问题只是表象，背后真正的原因需要了解和分析，才能有针对性地解决问题。其实孩子知道长时间使用手机不对，但不知道如何才能改正。此时，家长不仅要指出问题，还需要帮助孩子找到解决问题的办法，比如一起制定《家庭手机使用公约》等。

另外，有些孩子拒绝承认使用手机有错，背后可能有委屈的情绪，渴望被父母理解、尊重，因此家长需要认真审视，并和孩子一起协商解决的办法。

特别是当家长反复指出同一问题、孩子仍然不听时，家长就要反思和孩子的沟通方式。讲了一百遍都没有效果，同样的话为什么还要讲一百零一遍？如果找不到好的解决方式，要先停下来，什么都不做也比重复错误的教育方式更有效。

（四）孩子很想努力学习，也想认真听讲，但在课堂上总是忍不住"神游"，听不进去，或者听不懂；想跟老师积极互动，但又不太会。怎么办呢？

常晓敏：在课堂上专注学习，需要孩子的手、眼、脑、耳协调一致，全身心地投入。在和孩子们探讨为什么会出现神游状态时，有几种场景比较常见：第一种，讲的内容太简单，感觉没意思；或者讲的内容太复杂，出现了知识盲点，听不懂。第二种，已经熟练掌握了这个知识点，但要求大量地重复练习，孩子觉得太枯燥，没有意义，不愿意做；或者不太会，还被要求去完成，因力所不能及而出现拖延。第三种，自己马上就要做出来了，学习态度没有问题，但此时学得比较好的孩子已经做完了，老师开始揭谜底，对中等水平的孩子来说，就会觉得特别无趣，甚至有一些受挫。当然，还有的孩子是因为晚上休息得不够好，第二天上课时精力不充沛。

针对这些场景，找到问题背后的真问题，解决方案自然就有了。下面举例说明一下。

（1）觉得简单没意思——可以先使用"手""眼"两个器官协调，做好老师讲课的速记员，使大脑逐渐回到课堂。

(2) 觉得复杂听不懂——要先处理好情绪，可进行自我对话，"我在课堂上发现了一个知识难点，非常了不起，应该为自己庆祝"，以这样的心态，及时对不会的内容做标识，课下尽快去解决。

(3) 已经熟练掌握，还被要求大量地重复练习——要提醒自己，所有练习都简单的可能性不大，而且暗示自己及时练习、快速完成、保证质量地完成，对于提升学习效果具有重要作用。

(4) 已经超出能力范畴的——可以首先完成会的题目，其次争取完成看似会但又不太会的题目，再把现阶段根本完不成的题目标识出来，通过求助来完成。

(五)"不提学习，母慈子孝；一提学习，鸡飞狗跳""不提学习，是亲妈，提起学习，秒变后妈"，怎么改善家长陪读时的状态呢？

常晓敏：为何有的人享受陪娃学习的快乐时光，有的人却觉得陪娃写作业是煎熬呢？

场景一：催促型家长

孩子放学回到家。

家长："作业写完了吗？"

孩子："没有。"

家长："作业多吗？要不要先复习一下。"

孩子："不多。/很多。"

家长："那你赶紧写作业吧，赶紧写完，好有时间读书。/作业多就更得抓紧时间……"

场景二：监督型家长

因为孩子写作业容易拖延/注意力不集中/玩手机……孩子写作业时，家长坐在边上监督，一旦发现孩子开小差或做错题目，及时指出问题并且给予提醒。

场景三：法官型家长

孩子写作业时坐在旁边，对孩子的坐姿、握笔姿势、书写字体、题目正确率等要求严苛，对错分明。

场景四：打扰型家长

孩子写作业时，一边向孩子表达对孩子的信任，一边又担心孩子写作业时不专注，假借送水、送水果、收拾家务等理由在孩子身边晃来晃去，破坏孩子的注意力。

场景五：双标型家长

对孩子如何做有清晰的要求，对自己却无限降低要求。孩子写作业时，家长人在家里，心在网络游戏、偶像剧、社交软件上。

场景六：放任型家长

对孩子的学习完全放任，在家不关注孩子的需求。

场景七：假性陪伴型家长

家长重视自身学习，希望通过自己的学习影响到孩子。但是在自己读书过程中非常重视孩子的行动，一旦发现孩子迟迟不按照自己的期待去学习，往往会情绪失控，对孩子发火。

场景八：学习型家长

重视孩子的个性特点，跟老师阶段性交流孩子在学校的表现，能够结合老师的反馈和孩子的表现，及时调整陪伴计划。

有家长朋友说:"老师,我想知道我如何才能不发火?"

也有家长朋友说:"老师,我也不想发火,但是只有发火才管用啊!"

还有家长朋友说:"我都快崩溃了,因为发火也不管用……"

如果孩子现在写作业的习惯需要调整,家长朋友可以尝试:

(1) 写作业之前先让孩子做准备,尽量不让孩子在困、饿、渴等状态下写作业。

(2) 确保写作业的环境安静,尽量不放吸引孩子注意力的玩具,不制造太多的噪声。

(3) 孩子学习尽量不要多人管理,尤其是家长之间教育理念有分歧时,要先做好分工。

(4) 写作业时间尽量分段,根据孩子目前注意力能集中的时段来设定写作业的时段,如可以是15分钟、20分钟、30分钟等。

(5) 发现孩子写的作业有错误,尽量不要打断孩子的做题节奏,避免影响他们做题的情绪和专注力。

(6) 陪孩子时,要注意自己的情绪,避免因为自己的情绪失控引起孩子的焦虑,或者孩子因为担心家长生气而不能专注于学习。

(7) 做孩子的学习榜样。

(六) 自从当了妈妈,我竭尽所能地给孩子全面的呵护,把家里收拾得一尘不染。为了能有更好的物质保障,减少爱人的经济压力,还要打拼自己的事业。我想做万能妈妈,结果却是身心疲惫,从"勤劳妈妈"变成了"抱怨妈妈",从"知心爱人"变成了"唠叨女人",幸福更是无从谈起。怎么办呢?

常晓敏:作为妈妈,我有时也忍不住抱怨。但想一想,我们抱怨究竟是想要什么?给丈夫的感受是,一回到家听到的就是老婆的各种牢骚、唠叨;给孩子的感受是,妈妈每天都不快乐,像陀螺似的一刻不放松;而妈妈的感受是,内心充满了委屈和不满。

从心理学上讲，有一个常见症状是自证预言，就是人会不自觉地按已知的预言来行事，最终令预言发生。假如妈妈是爱抱怨型，总是嫌爱人不顾家，抱怨孩子让人不省心，爱人可能会找各种理由晚回家或者不回家，孩子可能会逐渐放弃努力。

有的妈妈单纯地认为，无微不至地照顾家人的衣食住行就是家庭女主人的核心任务，忘记了自己是家人情绪的引路者、精神的支持者。

停止抱怨，换一种沟通方式，更容易获得爱人和孩子的信任和爱。

妈妈们或许可以不那么累。

首先，我们要给生活做减法，不要求自己做全能妈妈，当家庭与事业发生冲突而无法做到完美平衡时，可以做好排序，做出取舍。

其次，学会信任和求助爱人和孩子，不需要凡事都自己参与。对孩子要抱有美好期待，但是不要苛求，尊重孩子的身心发展规律，用理解和接纳的心态与家人一起陪伴孩子健康成长。

再次，要学会偷懒，不过分约束孩子的行为，不剥夺孩子试错的机会。

最后，我们还要善于发现其他家庭成员的闪光点，不要吝啬赞美之辞。

家庭需要所有成员一起经营。适度示弱，及时赞美，不仅让妈妈们更加放松，也让其他家庭成员愿意更多地参与家庭活动，更积极主动地挑战自我。

当妈妈们不再纠结小问题，不再因为生活琐事跟家人争对错、论输赢时，家庭氛围就会轻松愉快。无论是孩子还是家长，生活幸福就是家有温暖。

（七）为了给孩子增长见识，每次假期我们都争取带着孩子外出旅游，目的地也是精心选择的，比如历史古迹、艺术之都等，孩子却越来越不愿意和我们一起外出旅游。

常晓敏：随着物质生活水平的提高，越来越多的家长愿意花时间和金钱陪伴孩子旅行。如果是为了满足家长的虚荣而旅行，没有考虑到孩子的需求，就容易引起孩子的反感。所谓的为孩子"长见识"而旅行，可对孩子来说，这些旅游胜地有没有和孩子的兴趣建立起联系呢？还有的旅行，在出发之前，家长给孩子设定任务和条件，最常见的是写作文，导致孩子在旅游中一直在听家长或者导游滔滔不绝地讲解，孩子的兴趣和关注点没有渲染在美好的旅途中。当孩子了解了大人做事背后的教育意图，就会采取与家长周旋、对抗甚至拒绝等方式来满足自己的需求。

因此，亲子旅游一定要考虑孩子的年龄段特点，结合孩子的兴趣点来选择旅游景点和活动项目。带孩子出去旅游要以孩子参与为主，家长不要刻意把教育需求强加给孩子。

给家长朋友的话

相信阅读本书的家长朋友，都有提升自己的家庭教育水平的初衷。每位愿意为了更好地陪伴孩子成长而主动学习、提升自己的家长朋友都很了不起。

在一线咨询时，我经常会听到家长朋友们反馈：

我知道不应该对孩子发火，但是我控制不住自己。

我知道很多沟通技巧，但是总感觉我家孩子的回应和书上写得不一样。

我知道孩子现在厌学跟我过去对他（她）要求过度严苛有关，但是马上就要进行中考了，我真的着急啊！

我知道应该先调整自己，但是我希望能尽快帮助孩子……

相信您阅读了本书，已经学习到了一些方法、观念和做法，也会因之而稍稍进行调整，但我还是想提醒爱学习的家长朋友们：

➢ 学习家庭教育，如果只是为了改变孩子，可能会过度关注孩子的及时反馈，一旦孩子的反馈不符合预期，就容易产生负面情绪和挫败感。

➢ 每个孩子都是独立的个体，每个家庭都有各自的模式，在学习和实践时，一定要结合家庭的实际情况。

➢ 与孩子交流时，无论沟通方式有多好，只要让孩子感受到的是指责、羞辱或者威胁，他们就很难主动改变或者表示歉意。我们都想通过学习来影响孩子做出改变，只有让孩子看到希望，才有可能放大孩子的自我价值，才能让孩子发自内心地愿意改善自己的行为。

➢ 警惕完美主义心理作祟。如果我们无法用轻松自爱的方式来接纳自己的不足，可能会因为我们学习过后依然无法改变孩子而产生失败感，进而陷入更深的从外部挑剔孩子的旋涡。

> 不友好的语气和啰唆的表达会导致与愿望完全相反的结果。有时候家长朋友因为知道的知识很多，又坚信自己说得越多越好，认为这样才能让孩子意识到其观点的正确性。一旦过于絮叨，就会导致孩子产生排斥心理。

> 要关注孩子的具体行为，不用语言去否定和攻击其摇摇欲坠的自信心。

如何把所学到的家庭教育知识，由"我知道"转变为"我做到"，最终实现"孩子越来越好"的目标呢？

这就要求我们跳出"但是……"的思维模式：

> 关注并控制好自己的情绪。

> 静下来，把自己担心的问题写下来。

> 认真观察孩子的表现，把自己写下来的问题重新进行标注和修改，哪些是家长对孩子的评价，哪些是孩子的真实表现。如果五年后再回顾孩子的现在，这件事对孩子的成长意义又是什么？

> 梳理孩子的问题，并给问题具象命名："数学老师反馈孩子听讲时注意力不集中"（了解孩子课堂表现的持续时间，孩子作业的完成情况等）、"每周二、周四孩子起床困难"（关注课表，进一步了解孩子起床困难的原因）、"孩子使用手机刷视频的问题"（了解孩子的关注点，听听孩子关注这类事物的理由和感受）……

> 针对具象问题做优先级排序。

简单易做的事情优先，例如：每天吃完饭，要先把自己的碗筷放到水池里。重要且紧急的、孩子做起来有困难的事情分步做，例如：高考倒计时50天摆脱学习困境，英语阅读理解训练、语文作文训练等。

孩子频发的问题，家长要用积极的态度去面对，要寻找恰当的时机去沟通，耐心倾听孩子的诉求，平静表达自己的想法，与孩子一起寻找解决方案；

要让孩子感受到"被家长接纳""他(她)值得被爱""他(她)很重要"。在自我提升的路上，家长朋友会有新的挑战，会有放松懈怠，也会有沮丧失望，但只要我们不断坚持，积极面对，做好孩子的支持者，就可以不断实现亲子间的共同成长。

请坚信孩子可以成为我们和他（她）自己所期望的人。